经营的哲学

优衣库创始人柳井正的成功之道

吴春雷/著

中华工商联合出版社

图书在版编目(CIP)数据

经营的哲学 / 吴春雷著. — 北京：中华工商联合出版社，2023.5
ISBN 978-7-5158-2977-7

Ⅰ.①经… Ⅱ.①吴… Ⅲ.①企业经营管理 Ⅳ.①F272.3

中国国家版本馆CIP数据核字(2023)第 065537 号

经营的哲学

作　　者：	吴春雷
出 品 人：	刘　刚
责任编辑：	胡小英
装帧设计：	周　源
排版设计：	水京方设计
责任审读：	付德华
责任印制：	陈德松
出版发行：	中华工商联合出版社有限责任公司
印　　刷：	三河市宏盛印务有限公司
版　　次：	2024 年 1 月第 1 版
印　　次：	2024 年 1 月第 1 次印刷
开　　本：	710mm×1020mm　1/16
字　　数：	180 千字
印　　张：	16
书　　号：	ISBN 978-7-5158-2977-7
定　　价：	68.00 元

服务热线：010—58301130—0（前台）
销售热线：010—58302977（网店部）
　　　　　010—58302166（门店部）
　　　　　010—58302837（馆配部、新媒体部）
　　　　　010—58302813（团购部）
地址邮编：北京市西城区西环广场 A 座
　　　　　19—20 层，100044
http://www.chgslcbs.cn
投稿热线：010—58302907（总编室）
投稿邮箱：1621239583@qq.com

工商联版图书
版权所有　侵权必究

凡本社图书出现印装质量问题，请与印务部联系。
联系电话：010—58302915

前　言

　　企业创立起来后如何针对不同客户不断创新产品？如何在激烈的行业竞争中保持高品质发展？如何利用不同媒介的广告工具快速传播自身品牌？如何在价格定位前后兼顾诸多连带因素？如何在危机来临前提前预警？如何在团队建设中更好地经营人心……

　　这些是管理者和创业者一定会遇到的麻烦问题，甚至是致命问题。

　　进入1990年后，日本泡沫经济崩溃，股价暴跌，至此经历了长达持续20年的经济萎靡。众多企业在这样的不景气状态下苦苦挣扎，但从1990年到20年后的2010年，日本最大规模的休闲服装连锁店——优衣库，它的情况却令人惊叹。1990年，优衣库销售额约为52亿日元，经营利润约8000万日元。到了2010年，它的销售额竟达到8148亿日元，经营利润1237亿日元。

　　也就是说，在其他企业垂死挣扎的20年时间内，优衣库销售额增长了约160倍，而经营利润增长了1500倍，最终成长为全日本乃至全世界瞩目的一流企业。这颗闪亮的服装品牌之星应对和克服经济危机的丰富经验、创业经营理念，包括对上述问题的最佳解决方案，都是值得中国企业经营者借鉴的宝贵财富。

如今，优衣库公司总部位于东京最贵的商业地段六本木中心，印证了柳井正这位日本"新企业经营之神"在日本商界的地位如日中天。六本木中心点的东京中城31楼是持有优衣库大多数股权的迅销公司（Fast Retailing Co.），柳井正的办公室和董事会会议室都在这里。在不大的会议室里挂着"世界第一"的四字匾额，彰显出优衣库企业做"世界第一"的渴望。

优衣库从山口县宇部市的"偏远小城"一路走到如今这个"一等地"大厦，柳井正用了38年。

38年间，柳井正靠服装零售成为日本首富；38年间，柳井正经历过无法从银行融资、为上市冲刺而疯狂扩张店铺等重重考验；38年间，柳井正经历过"销售不升反降及徘徊期"，也经历过"衣服因低价热销，但人们买回去后立即将商标剪掉"的尴尬——柳井正因此邀请为Prada等大牌设计服装、退隐多年的设计师出山……

这其中诸多经典实用的创业、研发、销售、推广、经营理念，都源自优衣库不断成长、勇于反省、改革创新的积累所得。柳井正吸纳各领域的精英人士，为优衣库不断缔造新的辉煌而殚精竭虑，赢得了合作者的高度钦佩，也令世界为之动容。

"改变服装，改变常识，改变世界"，这是柳井正贴在公司墙上的一句口号。对于优衣库来说，企业销售服装的同时也是在销售企业的思想和态度，以此来为社会创造价值。这种价值能够产生新的需求和吸引更多的消费者，柳井正通过自己的行动，让全球消费者逐渐树立起了新的服装消费"价值观"。

优衣库坚持认为,服装是生活形态的"零配件",通过穿衣者自身的搭配去展现自我个性,让所有人都能够感受身着称心得体、优质服装的喜悦、幸福和满足。

这种价值观让优衣库在经历了2008年金融危机之后再次受益。日本在这次金融危机中遭受重创,物美价廉的服装销量大增,使优衣库成了金融危机中生意依旧兴旺的服装零售商。

如今,优衣库品牌在中国城市的主要商业街区不断拓展,优衣库的经营理念也让更多中国人对印象中"上班看报,下班加班"的日企另眼相看,在优衣库企业众多的口号中最吸引人的是"消除人种、国籍、年龄和男女等各种差别",俨然一副国际领先人文品牌的远见、高度和姿态;做"世界第一"的口号更加彰显了品牌的勃勃野心。

2018年,优衣库实现了O2O"双十一",让消费者可以同享线上与线下体验,无缝购买产品。之后又与战略合作伙伴腾讯推出"掌上优衣库"官网小程序,将社交功能融入其中。

另外,针对疫情期间线上带货的特征,优衣库在2021年推出"StyleHint衣点灵感"服务,消费者可以通过实时照片拍摄或识别,获取图片中优衣库服装的购买链接,极为智能、方便。

2020年疫情暴发,全球各企业业绩纷纷下滑,但优衣库却在当年底,实现业绩不减反增。借助疫情这个发展窗口期,优衣库的母公司迅销公司股价持续上涨,成功实现弯道超车,于2021年2月18日总市值达到10.96万亿日元(约合人民币6704亿元),超越了ZARA母公司Inditex,成为全球市值最高的服装零售商。迅销创始人柳井正实现了自己在2011年定下的一个目标：2020年成为全球第一的服装零售商。

这一年，他对《哈佛商业评论》中文版表示："成为世界第一，我曾是这么想的，但我现在更关心的是把企业治理成为最好的公司，成为全球最受人尊敬的公司。"

2021年11月6日，优衣库北京三里屯全球旗舰店揭幕，并首次与中国艺术家合作，推出中国风UT系列作品。在中国市场深耕30年之后，通过登录一些国家级大平台和将全球旗舰店再度落地中国的举措，优衣库在期待全球市场全面开花的同时，持续投资中国美好未来的远景也已经清晰展现。

柳井正是一位具有哲学思想的企业家，他具有敏锐的洞察力，善于从复杂的现象中抓住事物的本质，善于把深刻的管理思想用朴实、简洁的语言表达出来，实用且耐人寻味。

要详尽阐释优衣库的所有经营理念包括实操方法，不是笔者能力所及，本书旨在对柳井正及其团队在开创事业中获得的诸多成果予以忠实地还原、展现。

本书所阐释的诸多优衣库经营、管理思想超越了服装行业本身，为初创企业、创业中没有更好发展或正处于创业危机的中小企业提供了方法。指明了方向，所有经验的得来都源自柳井正及合作精英们的努力开创，他们用思想家的头脑将企业家的经验提炼归纳，上升到哲学的高度，然后再回归到实践的层面，用以指导我们的经营实践，促进企业更好地发展。

当然，这也是本书的最大奢求和宗旨。

最后，让我们一起分享柳井正先生的一段话，以此共勉。

"对于想做富豪的人，我想说的就是，盲目追求利益，只想赚钱，将来是不会真正成功的。而我本人是很讲原则的，与其说我像商人一样追求利润，不如说我是在追求真诚，而且我从一开始就立志要做全球都认可的经营者。我认为，要想在全球成功，就要让全世界人民都能通过我们的努力，给他们的生活增加色彩和快乐。这一点能做到的话，我想才是真正的世界第一。"

目 录 CONTENTS

Chapter 1
安定是最大的风险

挑战是最有力的成长 ....../ 002

挣脱常识的束缚 ....../ 006

永远比别人快半步 ....../ 010

时刻保持危机感 ....../ 013

拆除自筑的思维围墙 ....../ 016

不保守，也不盲目反省 ....../ 019

Chapter 2
顺应时代，自发自动改变

变革力是最大的实力 ....../ 024

无国界的SPA经营哲学 ....../ 027

"ABC改革"掀起新高潮 ...... / 030

以低价高质席卷市场 ...... / 034

全世界每一个人都是顾客 ...... / 038

变革不是目的 ...... / 040

顺应时代的广告战略 ...... / 043

Chapter 3
所谓成功，就是一胜九败

金融海啸中逆势而上 ...... / 050

一波三折的全球化之路 ...... / 053

经营就是连续试错 ...... / 057

越早失败越好 ...... / 061

难得的是承认错误的勇气 ...... / 065

永远不能依靠别人 ...... / 068

看清楚失败 ...... / 071

十战十胜最可怕 ...... / 075

Chapter 4
用这样的原则去管理

品质第一背后的秘诀 ...... / 080

盈利是最终目的 ....../ 083

告别独裁者 ....../ 087

拒绝官僚主义 ....../ 090

现场才会有答案 ....../ 094

要做NO.1，沟通是关键 ....../ 097

以100分为目标去经营 ....../ 100

价格是决定成败的关键 ....../ 104

"店长最大"原则 ....../ 107

Chapter 5
人人都是经营者

拒绝"YES MAN" ....../ 114

人人都是经营者 ....../ 117

活络人才跑道 ....../ 122

自我革新才能顺应社会 ....../ 126

植入德鲁克思维 ....../ 129

培养世界顶级的经营者 ....../ 132

直面女性职员问题 ....../ 135

工作的真谛在于付出 ....../ 138

Chapter 6
成功一日就可抛弃

放弃廉价取胜 ...... / 144

放下"最好",赢得更好 ...... / 148

打破规则 ...... / 152

适时战略转换 ...... / 155

改变的不只是面积 ...... / 160

切勿迷失在成功中 ...... / 164

反思中,寻新路 ...... / 167

优衣库的减法哲学 ...... / 173

Chapter 7
创新者最好的习惯是思考

一场关于LOGO的革命 ...... / 178

附加价值最打动顾客 ...... / 182

极简百搭主义 ...... / 185

让时尚平易近人 ...... / 190

为顾客创造,创造顾客 ...... / 194

品牌蕴涵人的性格 ...... / 197

顾客最有发言权 ...... / 201

顶级创新吓退敌手 ....../ 203

UT风掀起世界潮流 ....../ 206

Chapter 8
以世界为舞台

以顶级品牌为师 ....../ 212

面向世界的橱窗 ....../ 215

跨国经营需知己知彼 ....../ 220

瞩目中国，改变世界 ....../ 223

将所有员工"优衣库化" ....../ 227

强势并购，布局全球 ....../ 231

世界即市场 ....../ 235

普及国际商务语言 ....../ 238

Chapter 1

安定是最大的风险

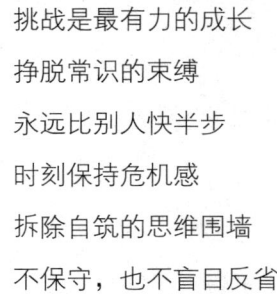

挑战是最有力的成长

挣脱常识的束缚

永远比别人快半步

时刻保持危机感

拆除自筑的思维围墙

不保守,也不盲目反省

挑战是最有力的成长

孟子曾说过："生于忧患，死于安乐。"居安思危，才能再接再厉，达到事业的高峰。"日本经营之神"稻盛和夫也说："如果你想追求卓越，一定要肯超越障碍，而最大的障碍就是追求安逸的惰性。"人都有惰性，强迫自己向前行的确不容易，但是当看到自己付出的心血终于开花结果时，那种喜悦将是无与伦比的。

2016年，柳井正以净资产146亿美元的身家再次登上了日本首富的宝座。不可否认，柳井正是个优秀的创业家，优衣库从初创期到快速成长期，几乎是靠他一个人指点江山带来的辉煌业绩。但是要让优衣库发展成为世界超级品牌，他自认需要更具挑战精神的领头人接过他手中的接力棒，率领团队向更高的目标狂奔。这是柳井正的个人期盼，也代表着优衣库的积极成长。

2002年5月上旬，柳井正请时任优衣库副总经理的泽田贵司出任总经理一职，但泽田此时计划开创一家属于自己的企业，最终他辞去副总经理的职务，离开了优衣库。6月1日，玉塚元一接任副总经理，在11月召开的股东大会后的董事会上，柳井正请他出任总经理一职，自己只担任董事长一职。这样，一个以玉塚为核心的新的管理团队开始了新的前进历程。

然而，玉塚接手优衣库的时期正好是摇粒绒服饰的热潮逐渐褪去的青黄不接的时期。在相当长的一段时间中，优衣库没有可以拿得出手的新款服装来吸引消费者。2003年优衣库的销售业绩跌到了史无前例的最低端。尽管在玉塚的努力下，从2003年开始优衣库的经营状况日渐好转，但因为他采取的是"稳中求胜"的经营策略，所以优衣库想要在短时间内恢复往日的辉煌具有相当的难度。

玉塚新体制下的第一次年度决算显示，2004年8月优衣库全球销售额为3299亿日元（约合人民币205亿元），税前利润为641亿日元（约合人民币40亿元），与上年同期相比实现了增收增益，就是销售和利润都实现了增长。然而，2005年8月的年度决算期显示，销售额为3839亿日元（约合人民币238亿元），是增加的，但税前利润却为586亿日元（约合人民币36亿元），与上年同期相比下降了8.6%，效益是减少的。

对此数据，柳井正的看法是，销售停止了下滑态势，连续两年实现了增收，应该受到鼓励，但获益减少是不行的。如果是因为公司战略目标的调整引发收益下降，可以理解，但是，害怕冒险而失去机会、一味追求稳步前进势必会影响公司的整体发展，甚至会令公司垮掉。

增收减益！柳井正很快意识到，正是由于各个部门因为实现了业绩的谷底反弹，因而放松了紧张的战斗神经和积极前进的成长脚步，这是效率开始降低的信号。这和他当年起用玉塚为首的年轻团队的初衷截然不符。

年轻意味着挑战和旺盛的工作斗志，以及夜以继日的奋斗精神，如今，高素养的管理才能反倒抑制了挑战的胆识。创业和经营应该像狩猎一样，看准机遇之后就应该主动出击。不能害怕冒险，冒险是增大收益的一种方法。单纯地求稳只会让思想变得越来越保守，从而失去优衣库引领潮流的价值。

已过60岁的老人开始不满这些年轻人的成长惰性，甚至担心自己一手创造的优衣库是否还能再创造出新的辉煌。"抓住机遇、放手一搏"和"让企业稳中求胜"的两种经营理念摆在了一个肯于拼搏和放手的管理者面前。

以"稳中求胜"模式发展的优衣库完全不符合柳井正对公司发展的理想期盼。柳井正认为，要让玉塚带领企业成为可以在全球范围内活跃的企业或不断改革创新的企业，照此发展态势恐怕很难。

如果优衣库的目标是在全球拓展市场，而不仅仅是在日本国内发展，那就必须抓住有利时机，积极挑战。

在评价玉塚这一段时间的运作表现时，柳井正说："玉塚的确非常优秀，不过却让我感受到优秀人才在经营能力上的极限，至少他没办法从根本上改变这家公司。这件事不只是玉塚一个人的责任，而是当时整个董事会的成员让我感受到他们在经营能力上的极限。"

2005年9月份,柳井正决定重掌江山,上演了"社长复归"的历史性一幕,将社长宝座从43岁的玉塚元一手上收回。他再一次坐在优衣库总经理的位置上,同时兼任公司的董事长。复出后的柳井正开始对生产销售各个现场进行巡视和检查,他看到的现状是:企业丢弃了以往的冒险精神,已经染上了"大企业病"。如此一来,企业恐怕很快就会倒闭。

经过柳井正一系列的改革举措,2008年8月决算期,优衣库的销售总额达到5864亿日元,营业利润为874亿日元,税前利润为856亿日元。日日夜夜改革的努力结出了丰硕的成果,优衣库将一大批高质量的商品推向了市场。

这时的柳井正更加坚信:经营公司,稍不努力,就有可能瞬间猝死。所以,经营公司必须时时刻刻怀揣适度的危机感。要想让公司更好地持续成长,满足现状是可悲的、愚蠢的。一家公司必须经常地否定现状,持续地进行改革。如果做不到这一点,公司只有死路一条。

在2022年4月中旬公布的2022财年半年报,即2021年9月1日到2022年2月28日的数据显示,优衣库在大中华区的销售额为155.7亿元,同比下降了1.3%。这是一个让柳井正感到焦虑的数据。

事实上,除了2020财年因为疫情的不可控原因而导致业绩下滑外,从2016财年到2021财年的其余年份,优衣库在中国的发展都实现了顺风顺水的增长。

这一销售数据尽管因日元贬值和成本上涨而不得不把中高端衣服

占比提升有关，甚至因为暖冬而没能让几个冬季主打款发挥出最大威力，但优衣库对手们的强大也同样不可小觑。在2020年双十一之际，优衣库的内衣销量败给了国货Ubras，在2021年则又排在中国深圳内衣品牌蕉内之后；在2021年天猫双十一，优衣库仅保住了男装冠军席位；而连续蝉联五年女装冠军的地位被刚刚成立仅18个月的中国国产品牌ITIB和波司登超越。

柳井正是个有梦想的日本人，他深知只有中国市场才是能帮他超越对手ZARA母公司Inditex，成为全球市值最高服装企业的关键。所以，对于中国市场拓展的脚步从未停歇，截至2022年2月底，优衣库在中国的门店数已经达到860家之多，超过了日本本土的802家。

俗话说，"逆水行舟，不进则退"。优衣库面对中国本土的挑战和国际品牌的竞争，必须不断挖掘自身创造力，唯有如此，才能打破不上不下的尴尬境地，最终达到稳固的均衡。

挣脱常识的束缚

从商因智而兴，经商是智慧的拼搏。市场经济具有机遇性，柳井正的睿智在于能抓住机遇，尽全力而为。当今世界，服装市场的高档化、时装化趋势愈发明显，如果敢于打破行业的常识错误，势必影响全球的消费行业趋势，包括消费者的消费认知。因此，柳井正认定，无论哪个时代，成功的个人和企业家都能找到最好的潜在商业机会。

普遍的服装行业人士认为，对服装消费需求这块蛋糕，每一个竞争对手都应该使出浑身解数去抢占更多的市场占有率。也就是说，市场占有率的高低直接决定着行业竞争的成败。柳井正则认为这是常识中的认知错误，是将思路停留在了这个有限的市场中。以西服为例，竞争的不单是西服与西服的竞争，更多的可能有其他服饰参与其中，甚至是一些"组合拳"的竞争。

柳井正脑中的行业竞争是这样的：如果竞争品是西装，还有什么比西装更有魅力，有什么产品对消费者而言是比西装本身更具吸引力的呢？通过跳开僵化的思维常识，从另外的一个或多个角度思考问题，就不会出现"大家在一个狭窄的巷子里争抢一个钱袋子里的钱"这样让人尴尬甚至糟糕的现象。

社会经济的高速发展让更多的休闲一族脱颖而出，他们喜爱悠闲精致的轻松生活方式，服装作为常规日常消费品之一，如果能够打破世俗设计理念，真正做到为人而做，那必将打破过去服装对人性的掩饰和束缚。

以此理念为初衷，在服装定位上，优衣库坚持把现代、简约、高品质且易于搭配的服装提供给更多的休闲一族。与那些流行时装或个性很强的款式服装相比，优衣库服装的定位是"造福于人，平价优质的休闲服"，是更注重日常生活中穿着舒适、老少皆宜、做工讲究的生活服装，休闲服正体现了这样的理念。

这也是柳井正所坚持的"真正的时尚"。这种时尚涉及生活的各个方面，如衣着打扮、饮食、出行、居住，甚至情感表达与思考方式等。

在冬日的寒风肆虐之时，优衣库曾经以摇粒绒这一特殊面料震惊服装界。新品摇粒绒服饰的内衬是毛茸茸的吸热保温材料，摸上去手感十分柔软，这一点非常受喜欢追求时尚的年轻人尤其是年轻女孩子的追捧。既然能够得到这群人的青睐，优衣库走上的时尚之路就等于打破了行业常识，打造出了独属于自己的服装风格。

同时，因为柳井正还担任着软银集团的涉外董事一职（软银集团于1981年由孙正义在日本创立并于1994年在日本上市，主要致力于IT产业的投资，包括网络和电信），因此柳井正意识到科技的发展一日千里，想要把优衣库带到一个新的高度，离不开科技力的推动。

由于中国正处于经济转型的关键时期，且网络购物的热潮已经席卷了整个华夏大地，柳井正在率领优衣库进军中国的时候也做出了一个无比正确的决定——与中国的"网购之父"马云进行合作。

优衣库在淘宝商城的旗舰店于2008年4月上线，经过一年多的运作，到2009年优衣库的网店月销售额可轻松破千万元。优衣库的品牌顺理成章地成了淘宝网的第一服装店。网络的触手有效弥补了优衣库实体店无法做到的事情，更让优衣库的名字开始进入世界各地的寻常百姓家。平均到每天，优衣库网店的销售额完全可以媲美其在中国销售最好的实体店。值得关注的是，优衣库不仅在淘宝网开设旗舰店，还将其在中国的官方网站改版为电子商务类型的B2C网站。而执行这项工作的，正是淘宝网的技术团队。对于网站的建设、运营以及维护和更新等工作，优衣库均外包给了淘宝网的第三方服务团队，而优衣库自身则只需专注于品牌推广和商品控制，包括商品定价、设计、全年货品计划、促销等业务。优衣库和淘宝网的合作无疑是一个典型的成功案例，当新世纪的第一个十年过去后，优衣库也进入了全新的电子商务时代，网络店铺和实体店铺相辅相成，共同为柳井正打造着全球化的蓝图。

同时，网络业务的如火如荼也带动了优衣库实体店的销售。之前，柳井正曾说过："我确信2010年春天在中国上海开设的全球旗舰店将引爆优衣库在中国的市场需求。"短短10年，优衣库由一个岛国自有品牌成长为国际服装巨头。在国际舞台上，优衣库的脚步遍布世界各地。2009年，优衣库的年度营业额达到了6850亿日元（约合人民币425亿元），高居世界第五位。

柳井正豪迈地说出了自己的愿景：他们要在2020年把优衣库打造成全球最大的成衣王国。优衣库成功的销售模式正是源于柳井正"睁开双眼看世界"学来的结果。当传统经营的西装店没有太多的发展前景时，想要找条活路，就必须时刻学习。生活远比我们所感受到的广阔得多，永远有许多未知的"常识"等待富有创新和挑战精神的人探索。

永远比别人快半步

残酷的商业竞争中不存在"等待"这个词语,机会永远只会降临在有准备的人身上,而不会去等待还没有准备好的人。面对机会,只有与时间赛跑,永远比别人快半步,跑在市场的前头,才有可能赢。因此,企业想要拥有持续顽强的生命力,必须有源源不断的新产品持续投入市场中。

《孙子兵法》有云:"激水之疾,至于漂石者,势也。"意思是说,石头想要在水上漂起来,必须保持非常快的速度。如果将市场比作水面,那么企业就是石头。快,是企业在市场中取胜的不二法宝,尤其是在以时尚为生命力的服装界。

在优衣库发展早期,柳井正将优衣库定位为日本国民服饰,向市场大量供应缺乏个性的低价商品。这一策略虽然创造过销售奇迹,但随着穿优衣库的人越来越多,"穿优衣库"渐渐成为土气、落伍的代名词,导致销量大减。如果再按照这样的方式经营下去,优衣库很快将沦为地摊货。这令柳井正意识到,要想真正崛起,必须要先于对手不断开发新的产品出来,如果总是走在模仿别人的路上,永远也不可能走出一条属于自己的道路来。

想要开发新的产品就必须有自己的设计团队。2004年12月，优衣库在纽约成立了研发中心，聘用了当时世界上最优秀的设计师和制版师等专业人才，开发适应店铺所在地、商场面积、世界各国消费者喜好的优衣库全新商品，以实现数量和质量都达到世界最高水平的目标。

接着，以纽约的研发为中心，优衣库又在东京、巴黎、米兰等地开设了研发中心，正式全面启动了"全球商品开发体制"。研发中心通过国内外店铺、合作单位包括与流水线生产链条相关的各个组织来收集行业情报、消费者最新的需求及竞争对手的最新商品资讯，然后将情报定期汇总，以此作为客观、全新的市场需求研发依据，再通过优衣库各个部门进行会谈，最终决定季度营销创意，之后，各个生产基地按照季度营销创意进行全新商品的设计和规模化生产。

风靡全球的紧身牛仔裤就是在这一时期应运而生的。紧身牛仔裤的设计将女性的腿形完美地展露出来，这个设计当时可谓是独一无二的，因为在此之前还没有任何一家服装公司研发和销售过。因此，紧身牛仔裤一上市就得到了消费者们广泛的认可。

只是比对手快了半步，就明显地起到了不同凡响的营销效果。但柳井正没有止步于此，当其他公司纷纷开始模仿紧身牛仔裤进行设计和生产时，柳井正再一次先人一步，对紧身牛仔裤进行了改造。这次改造的目的是令紧身牛仔裤更适合女性穿着。

为此，在改造前，优衣库面向日本100位20～30岁的职业女性作了一次市场调研。调研结果显示：在节假日中，78%的白领女性会穿着牛仔裤和弹力裤袜；其中有85%的调查对象表示每周会穿一次以上牛仔裤，74%的调查者表示每周会穿一次以上弹力裤。牛仔裤和弹力裤之所以这么受女性欢迎，原因在于牛仔裤和弹力裤易搭配，穿着简便，适宜在很多场合穿着。

这一调研结果给了优衣库设计师们很大的启发，很快一款全新的紧身弹力牛仔裤——LEGGINGS PANTS问世了。该品系具有牛仔裤式的款式设计，又实现了犹如紧身裤般的舒适穿着感；在前后侧口袋和纽扣设计等细节上也精挑细琢，具有美腿美臀效果的剪裁与犹如弹力裤袜般舒适的穿着感完美结合，美腿效果和舒适性兼备。LEGGINGS PANTS实现了紧身牛仔裤和弹力裤袜的创新结合，具备了裤装搭配简单和弹力裤袜穿着简便的两大优点。

为了推广LEGGINGS PANTS，优衣库甚至请到了国际巨星查理兹·塞隆成为其全球广告代言人。广告中，查理兹·塞隆身着全新紧身弹力牛仔裤走进人们的视线，她那美丽的长腿展露出曲线来，将"舒适释放美腿曲线"的主题恰到好处地演绎了出来。

在上海的推介会上，优衣库请来了三名模特分别以正装和休闲装的不同风格搭配这款全新的紧身弹力牛仔裤，为的是向人们展示这款新品可在各种场合显示女性美丽身材和干练优雅气质。为了显示这款新品的舒适和柔软，现场还让表演者身着这款产品进行劲舞与瑜伽的同台表演。

企业在竞争中成长，经营是一场长跑比赛，只要能比别人快半步，而且不越轨，就永远不可能落后于别人，即使只是快半步，也可能是引领潮流的那一个。优衣库做到了这一点,在柳井正的带领下,以永远比别人快半步的速度加速自身发展的进程,海外布局拓展更加坚实有力,并向更有竞争力的对手逼近。

时刻保持危机感

哈佛大学教授柯特曾对企业的发展情况进行过分析,认为一个企业要实现从开创到发展的成功转型,必须做到建立组织的危机意识、成立核心领导团队、提出发展愿景及目标、全员沟通变革愿景、达成目标发展策略、创造成功的近程战果、巩固战果并再接再厉及将变革深植企业文化等步骤。其中,建立组织的危机意识排在举足轻重的位置上。

危机意识,就是要求企业在客观评价自己的状态和成绩后不骄不躁,时刻保持紧迫感,如履薄冰地经营下去。这种危机意识已经深深印刻在柳井正的骨髓中,在他的字典里似乎从来没有"安定"这个词语,在柳井正眼中,公司这种组织如果平时不努力、不未雨绸缪应对市场、没有危机感、放任自流的话,必将距倒闭不远。只有将如履薄冰般地进行公司的管理视作一种常态,抱有任何时候都存在危机的思想,才是一个企业长久生存的根本保证。

在优衣库店铺数量不断攀升的过程中，人们发现了一个有趣的现象，那就是优衣库在新店铺开张的同时总有一些旧店铺关门，有的店铺甚至开张仅几个月就关门了。这看似"过家家"般的经营方式实际上是柳井正培养优衣库全员拥有危机意识的方式。

在优衣库的例会上，经常会有"今年开多少分店，关闭多少家；明年再推出多少家，关闭多少家"的计划提出，这也是柳井正首创的经营模式：在开店的同时，关店也在同时进行，开、关结合，计划事先公布。凡是亏损的就关闭，通过业绩来检验成功，通过淘汰来维护成功。

这样的做法能让每个店长产生一种危机：如果自己的店铺经营不善，就会成为被关闭的那一家，所以几乎没有一个店长会满于现状、不思进取，他们随时都保持着忧患意识。正是因为优衣库平时以最坏环境下的工作状态来要求自己，所以当全球性金融危机来临、全球富豪的数量大规模减少时，柳井正的财富却实现了逆势增长的奇迹。

但很多人在意识中经常将危机意识与内心的焦虑不安混为一谈，因为它们十分相似。实际上，危机意识与焦虑不安完全不同。前者是对经营风险的一种预测，真正的意图是思考如何让企业在经营中始终保持盈利的状态。也就是说，危机与利润相互关联，与获利是同义语。

每家企业都在激烈的市场竞争中优胜劣汰，敢于冒100%风险的人比其他人更善于经营公司，从而在经营上不输给别人；而焦虑不安是人们在看不清前路时一种焦躁难安的情绪，是对事情认识不清所致，通常只要解决了心中的疑问，这种不安自然会消解。

在优衣库的工作人员中，心中时常焦虑不安的人有很多。以店长为例，他们总是担心店铺会没有顾客光顾，也会担心新上架的商品出现滞销的情况，还会担心手下的员工会不听从自己的指令……他们之所以会产生这些不安，是因为没能及时反思和找出解决和摆脱不安元素的方法和结论。而且这些不安对企业的发展没有任何实质性的推进作用，因此不能称之为"危机感"。面对这样的状况，柳井正通常会要求他们用客观的、现实的角度和方法对自己所处的这个环境进行冷静理性的判断分析，然后考虑采取什么措施来解决这些问题，并将措施落实到实处，而不是陷入自己的焦虑苦恼中无法自拔。

比如，店长担心没有顾客上门购物，那就要想办法吸引顾客，一个办法行不通，那就再多想几个办法、多换几种思路。只有专注于不断地思考和不断的行动中，才会没有时间去不安和焦虑。

用柳井正的话来说，就是"我们所做的生意需要非常实在的努力，每一笔生意都是用心做出来"，必须时时刻刻想着让顾客满意，将对每一个细节的努力渗透到日积月累的日常工作中，这样才能成就自己的生意，只有这样才无暇产生不安和焦虑的情绪。

翻开优衣库2010年至2015年的财报会发现，优衣库的海外门店在这五年中增长了五倍，从136家店变成了798家。增开新店的数目总是和关店的数目同时公布。

优衣库母公司迅销集团2021年9月至2022年2月期间的财年中期报告显示，迅销实现了更高的营业收入和巨大的利润收益，营业利润创下历史新高。其中北美和欧洲地区的业绩突出，盈利结构改善，营业利润增长显著；东南亚和大洋洲地区实现了创纪录的销售额和营业利润。

与此同时，优衣库本土地区业务收入和利润下降，大中华区市场业务也失去了往日辉煌，截至2022年5月，有多达133家门店暂时关闭。今天，中国市场作为优衣库最看重的海外市场已经出现危机信号。

尽管如此，2022年3月，迅销集团全球资深副总裁、优衣库大中华区首席市场官吴品慧表示，在接下来的几年中，优衣库中国将保持每年80至100家门店的开店速度，并将门店的拓展下沉到三四线城市。不难看出，优衣库对中国市场依然抱有长期投资的信心。

在危机感中寻找前进的希望，这是柳井正一贯的主张和做法。凡事预则立，不预则废。经营者必须时刻保持危机感，这样才能在真正的危机来临之际，在最短的时间内，以一种"准备好"的姿态迎难而上，傲立潮头。

拆除自筑的思维围墙

有的时候，人们沉浸在现状中自满自足，是因为看不到可以改变的地方。而蒙蔽了我们双眼的，是习惯，就像被细链子拴住的大象和从来没有吃过肉的老虎一样，被拴和素食并不是它们天性使然，而是因为它们已经习惯了当下的生活。柳井正对这种自筑围墙思维深恶痛绝。

有些公司的盈利率常常维持在5%，即使经济环境有很大的变化这个数字也是一样，这是因为它们的经营者认为5%就是正常的盈利点，所以在潜意识里这个数据已经根深蒂固到他们的大脑了。一旦收益下降，他们便会及时采取行动，以尽快将获利点拉回到原来5%的水平。

当然，障碍也产生了，这些企业的利润很难超越5%这个水平线，因为自筑的思维围墙将5%的利润点作为常识指标，牢牢圈在思维的围墙里面。于是，之后所有目标的制定都会根据这个"既定常识"作为参考标准。只要达标，思想就会安定，在不知不觉中停止了前进的脚步。

纺织界的保守思想、对业界的条条框框的要求都会对产业结构的调整产生阻碍。实际工作中，柳井正也遭遇到了被"常识"束缚的危机。卖场会将优衣库的服装按照既定分类予以对比，是实用类还是时尚类、运动类，或其他什么类，会分门别类地被打上烙印。这样的做法对优衣库休闲路线的设定、百搭风格的确定有着推广、铺货上的不利。

在欧美国家销售HEATTECH时就碰到了这样的情形。当地的店员会说这应该是在运动用品商店卖的服装，又没有时尚感，我们这里为什么要卖它？他们不去理解商品价值的高度，只重视商品的本质和功能性，这些具有惯性思维的人往往会按商品固有的用途划分来判断。

后来，优衣库做了大量的工作，通过使用有保暖功能的纤维制成的tank top、T恤、高领衫、紧身裤等产品一点点改变了这个状态。跟大多需要遮盖藏起、不被人知的保暖内衣相比，HEATTECH更像是用来叠穿的正式服装，可露可不露的自由让人自然而然地少了很多排斥。2007年HEATTECH在日本本土的销售量为2000万件，2008年增长了40%，达到2800万件，2009年HEATTECH开始在全球发售，上架仅一个多月，上海的优衣库店里就已经断号缺色了。

"改变了日本的冬天"的优衣库HEATTECH也在开始改变世界的冬天了。好莱坞影星威尔·史密斯曾在寒冷的电影首映式走红毯时告诉记者，自己看似单薄的衬衫、西装下面穿着上下一套的优衣库保暖衫裤，所以可以跟粉丝们有更长时间的交流。

有些已经成为服装业巨头的人也存在顽固的惯性思维，他们会固执地否认混纺材料，单纯追求天然材料的货真价实，事实上，如果他们没有被这类"常识"束缚，柳井正相信优衣库与业界的竞争将更加精彩。但事与愿违，优衣库的混纺羊毛衫上市后引起热卖之际，顽固派依然不屑地认为"这样不入流的商品热销简直没有道理""白给我穿我都不要"，总之，他们不会客观看待新事物，新事物一出现首先一棒子打死。

尽管日本的工业制造技术处于世界领先水平，纺织技术同样如此，但有太多人士不肯接受新的衣料、新的事物，所以单个企业很难推动多样灵活的商品发展，即使优衣库做了一些尝试，也不敢放手一搏大量生产，这样的话新面料的成本就会居高不下，自然存在慢慢淘汰出局的危险。

"如果能够拆除自筑的思维围墙，一个广阔的世界就会在你的脚下展开。"柳井正经常这样不无遗憾地为自己的对手感慨。稻盛和夫也说，经营者经营企业千万不可有这种先入为主、画地为牢的固有观念，否则就会失去客观观察市场的明亮眼睛。如果经营者的思想得不到全面的自由，必将失去所有的创造力，无法缔造破纪录的丰功伟绩。

不保守，也不盲目反省

在优衣库开始吸纳大量人才的时候，很多以前没有在零售行业供职过的人进入了优衣库。原宿店在市中心开业的成功，直接促进了关东地区市中心店铺的大发展。越来越多的百货商店给优衣库新开业的店铺发来祝贺，优衣库正在进入一种前所未有的火热状态。

随着职员的增多，职员能力的大小逐渐成为公司继续发展的重大问题。从1991年开设连锁店开始，很多中小企业的人才进入了优衣库。在广岛证券交易所成功上市之后，优衣库一度进入了发展停滞的状态，因为员工的素质和能力成为优衣库发展的瓶颈，如何使人才促进优衣库的继续发展成为柳井正日思夜想的难题。

当一些抱有"创造企业新时代"这样伟大理想的人加入到优衣库之后，他们创造性的思维模式和高效率的做事方法将优衣库的活力又一次带动起来。随着双面绒产品的热销，越来越多的优秀人才开始加入优衣库，为公司职员能力的整体提升带来了很多机会和更大的发展空间。

当然，有进必有出，员工辞职也是不可避免的事情。一些人无法适应高强度的工作模式和多变的组织形式，一些人在公司中总是保持着颓败的情绪，一些人因为在公司上市前得到了足够多的股票而选择了退休养老，还有一些人因为自己的想法和公司的理念有出入而离开。每个人思考的方式不同，优衣库这样的企业也不可能要求大家都老老实实待在自己的岗位上好好工作。有进有出保证了优衣库员工的正常流动性，也是优衣库的发展动力源源不竭的原因所在。

有优秀的人才加入公司本身是一件好事情，双面绒持续三年的热销更是绝好的赚钱机会，更何况双面绒的热销还带动了其他商品的销售，所有的一切看起来都是一片大好的场景。然而，过于美好的形式让不少人以为商业其实就是这么简单，他们觉得只要及时补充上货源就可以坐在办公室收钱了。在这些人眼中，加入优衣库开店做生意就像一台自动贩卖机一样，只要把商品放进去就会有人自动来购买。

优衣库人要做的事情是让"自动贩卖系统"维持正常运转，他们的工作全都是在幕后，并不像许多人想得那么简单，个中辛苦，自己才知。

"自动贩卖"的思想越来越严重，导致的直接坏结果就是人们更愿意纸上谈兵，谁也不愿亲自走进卖场去体验一下什么才是真正的商业活动。一些从大企业跳槽过来的人往往只是对优衣库的快速发展持有浓厚的兴趣，但他们的作风还是同在其他大企业时一模一样，丝毫没有受到优衣库经营理念的影响。

正在经历大变革的优衣库渐渐受制于员工的思想保守化。

取得阶段性成功后，人们总是容易变得保守，但这并不是柳井正想看到的。保守，从某个角度来说等同于骄傲自大。一味地维持现状对商业经营来说并不是好事情。当企业停滞不前的时候，每一个员工都应该认真思考怎样做才能促进企业的进步，而不是躺在前人的功劳簿上睡大觉。

当销量提升后，应该主动去分析原因并从中吸取有益的经验，才能够准确把握日后发展的方向；而在销量低的时候，更需要静下心来好好思考到底哪里出现了错误，根据市场调查得出的结论去调整方针和政策。不论什么时候，策划人员都应该保持冷静的头脑，对市场的分析必须客观准确，这样做一方面是保住自己饭碗的基本要求，另一方面也是保证公司盈利的必要手段。

盲目反省和没有任何根据的判断只能使损失的数额变得更大，除此之外毫无意义。

多种负面原因的累积，使优衣库在双面绒销售热潮过去之后逐渐暴露出问题来。优衣库终于停下了前进的脚步，店铺的销售额有明显下降，一些店铺甚至出现了负增长。这不仅是因为双面绒不再是市场畅销产品，更是公司员工不思进取的直接恶果。

有人认为，随着公司逐渐壮大，优衣库应该寻觅一种更加稳定的发展模式，但柳井正似乎更倾向于走在忧患中寻求变革的道路。

Chapter 2
顺应时代，自发自动改变

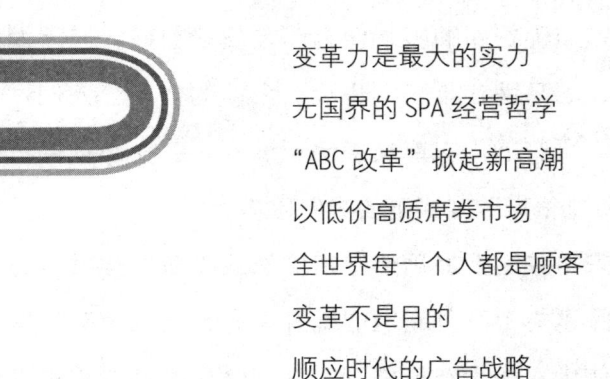

变革力是最大的实力

无国界的 SPA 经营哲学

"ABC 改革"掀起新高潮

以低价高质席卷市场

全世界每一个人都是顾客

变革不是目的

顺应时代的广告战略

变革力是最大的实力

纵然每个人都知道优衣库的服装便宜而且质量很好，但因为长久以来没有新品推出，老品牌在款式上也没有太多的变革，人们对优衣库的热情开始退烧。所有的优衣库员工都意识到，公司必须要进行一场彻底的变革了，否则很难改变当下的经营困境。

柳井正思来想去，决定把最后的出路依然放在效仿摇粒绒的成功模式上。尽管在商品素材上的创新短时间并没有太大的突破，但这也是一条既可以保持住优衣库简洁风格同时又不会让嘈杂的款式设计起到喧宾夺主作用的唯一出路。

当回顾这段往事的时候，柳井正说当时自己经常挂在嘴边的一句话是："不以让消费者惊讶作为（变革的）前提，可是不行的。"想要让消费者大吃一惊的想法因为种种原因，一直成为不了现实。看起来，优衣库专注于产品素材开发的策略似乎已经走到了穷途末路。2005年9月，已经宣布隐退三年的柳井正在幕后再也沉不住气，选择了重新出山。当他再一次坐在优衣库社长的位置上时，他先给自己设置了两个最大的敌人——西班牙的ZARA和瑞典的H&M。

既然在日本市场上暂时不可能有更大的作为，柳井正就选择了一个相对更加具有冒险性的策略，他开始把优衣库的经营方向向国际市场转移。柳井正既然把ZARA和H&M当成了假想敌，就不免要展开强大的竞争之势。ZARA和H&M都是世界知名的时尚品牌，柳井正这次要把优衣库往时尚的路子上牵引是毫无悬念的事情了。

柳井正依旧把摇粒绒的服饰当作范例来解读，消费者在购买摇粒绒的时候，除了满足了自己对保暖的需求之外，还在无形中学到了配色、服装搭配等知识。这些内容是一件商品潜在的消费价值，并不是只有文化产品才具有的特殊标志。柳井正认为，如果要让优衣库的衣服立足时尚界，那就一定要让购买优衣库服装的消费者同时能够买到最潮流的时尚资讯和时尚理念，而不是简简单单的一件衣服。

迅销公司的经营理念中有一点是："真正好的衣服，是创造服装未曾出现过的新价值，提供给世界各地不同地区的消费者相同的消费体验，即穿到好衣服时的快乐、幸福和满足。"此时，当初做"服装零配件"的概念正在悄然发生转变，优衣库的衣服不再只是为满足消费者容易搭配其他品牌的服装而存在了，柳井正希望购买优衣库服装的人能够真正以"自己穿的是优衣库"为骄傲，从而真正让优衣库的服装超越"零配件"的价值，真正变成一种潮流和时尚。

但同时，柳井正并没有完全放弃"服装零配件"的概念。在他看来，ZARA和H&M是时尚品牌，但它们的缺点是过于追求潮流以至于让消费者觉得自己购买它们的服装像是在消费快餐品牌，潮流一旦褪去，消费者购买的这两个品牌的衣服能再穿出去的机会就很有限了。优衣库以低价且平民的休闲服饰发家，即使要迎头赶上潮流与时尚，依旧不能抛弃当初开店时的基本初衷。

服装的本质是舒适感，优衣库不能舍本逐末。

因此，优衣库此时的决定是，既要保持穿着服装的舒适感，又不能丧失休闲服装的功能性，同时要最大限度地展示出潮流和时尚。柳井正再次强调了"服装零配件"的概念，他说在优衣库提供的每一件商品都是服装的配件，任何消费者都可以根据自己的喜欢和心情来选择穿不同的衣服，但即便优衣库和其他品牌之间实行"百搭"，优衣库也绝不会成为消费者身上的陪衬品。

超越"服装零配件"的价值，意味着优衣库不仅仅是一件流行的服饰，当消费者把衣服穿在身上的时候，体现出来的是自己与众不同的品位和时尚理念。如果真的要做"零配件"的话，优衣库更希望自己是消费者穿衣品位的陪衬，而不是其他品牌服装的配件。

满足了消费者的需求之后，优衣库依旧坚持提高服装质量，保持低价策略，再加上具有时尚感的设计元素，新鲜出炉的优衣库服装再一次回到大众的视野。回溯这次从低谷走出来的历程，柳井正不无感慨地说，自己真正期待的优衣库服饰不是廉价品也不是高档品，而是能够真正代表优衣库的经营理念、代表消费者时尚观念的服装，不管何时，创造流行都必须从顾客的角度出发。能满足消费者时尚理念的服装对顾客来说才是最合适的服装。

无国界的SPA经营哲学

在2008年经济危机的阴云笼罩下，2009年全球富豪榜上各行业巨头的资产净值比上年都有所减少，而优衣库的当家人柳井正却在经济危机中赚得盆满钵满，2008年他的个人财富不降反升，共增加了14亿美元，接连蝉联了日本首富的称号，在各大世界富豪的身家都大幅度缩水的情形下，柳井正仍能保持扶摇直上的姿态。这背后隐藏的是优衣库的另一撒手锏——无国界的SPA经营哲学。

"SPA"（Special Retailer of Private Label Apprael，自有品牌服饰专营商店）模式是一种企业全程参与商品企划（设计）、生产、物流、销售等产业环节的一体化商业模式。SPA的概念是在1986年由美国服装巨头GAP最先提出的，是一种从商品策划、制造到零售都整合起来的垂直整合型销售形式。从20世纪90年代开始，实力强劲的SPA企业相继登场，使这一经营理念作为服装领域最强的商业模式在世界范围内普及开来。

单从运营模式来看，SPA模式的思路、运作方式与纵向一体化模式有相似的一面。其实真正的SPA模式不但有纵向一体化模式的特征，还兼具了横向一体化模式的内容。

在纵向一体化模式中，企业几乎拥有了产业链中的每个环节，但是随着产业分工越来越细，这一模式的弊端也日渐显露。而横向一体化重在强调合理利用企业本身的资源来降低经营成本，从而形成了从产品的供应商到制造商再到分销商相互关联的产业链。也就是说，处于核心地位的企业负有整合产业链中各个环节的责任。

优衣库在不断发展壮大的过程中也先后经历了纵向一体化和横向一体化的时代。然而，不论哪一种模式，都有其不可避免的弊端。只有把两种不同的模式相结合，采取取长补短的态势，才能真正做出一条更加完美的产业链。SPA模式就应运而生了。

日本是一个纺织服装行业十分发达的国家，临近日本的中国成为其主要的原材料供应商和加工制作商。优衣库处于服装零售业的终端，通常意义下，人们认为优衣库一直充当着零售商的角色。而这一角色的定位对SPA模式的产生有至关重要的影响。只有零售商才能快速且熟练地掌握消费者的各种需求，因此不论是在纵向一体化模式还是在横向一体化模式中，零售商始终是最基本的信息来源。掌握什么样的信息决定着企业今后应该向哪个方向前进。也就是说，零售商其实对市场的未来发展起着主导作用，零售商的灵敏度和反应度如何，决定着整个产业链能否跟得上日渐改变的消费需求。

优衣库向SPA经营模式的转变始于1986年。这一年，柳井正在香港认识了某品牌的创始人。该品牌正是通过SPA模式成功地把自己打入了世界服装市场。看到这一极为成功的经营模式后，当时急于寻求突破的柳井正像找到了救命稻草一般，SPA模式因此成为优衣库的一剂强心针，为优衣库开创了一个全新的时代。

此后，柳井正开始大张旗鼓地对优衣库的产业链进行SPA模式的改造。在优衣库已有模式的基础上，柳井正又加进去了一些自己的思想。他说："做生意没有国界之分，制造和销售更不应该分界。"

当优衣库把自身产业链的触角伸向生产环节时，降低经营成本便是随之而来的事情。其零售商的角色在很大程度上避免了因误读市场带来的风险和损失。优衣库SPA模式的做法可以简单概括为以下几条：

（1）对新潮服装采用垂直一体化的生产，但只局限在小批量内，由此可以避免对潮流的把控不准造成的决策失误。

（2）把最能引领潮流或符合潮流的部分外包给最接近市场的供应商，从而保证产品符合大众的审美，而不是一些服装设计师的孤芳自赏。

（3）如果不是新潮的款式，那么就在价格上做到最底线。优衣库把这类服装交给亚洲邻国生产，此举是在毫无风险的前提下做到最大程度的节流。

（4）优衣库本身拥有的工厂实行高度的自动化和专业化，尽量走资本密集型和技术密集型的道路，避免和亚洲邻国的劳动密集型产业重合，从而避免资本的浪费。

柳井正带领优衣库发展壮大的过程正是一直在沿着这条道路走下

去。从自己尝试生产服装，到把生产环节交给中国内地的厂家生产，以及之后从日本国内挑选出一些老技师到中国来进行技术指导，这一过程始终都践行着SPA模式的正确性。

可以说，SPA模式是在传统的横向一体化模式和纵向一体化模式的基础上创新而成的一种新商业模式。对消费者需求的分析从根本上决定了整个产业链的整合力度，之后再通过处于关键位置的迅销公司的掌控，从设计、生产、物流到销售的各个方面都提高了运营效率。因此，在一定程度上可以把SPA模式理解成为：不是让公司拥有了更多的利润，而是让整个环节有了更多的预算。

经过反复摸索后，柳井正找到了真正属于优衣库的SPA模式。他摒弃了代理商、经销商等多个中间环节，优衣库决定大刀阔斧地实行低成本经营。

"ABC 改革"掀起新高潮

任何一种商业模式都不是永恒不变的，固守一种方式只会将企业带入僵局之中。柳井正深谙其中的规律，1972年继承父业的柳井正觉得小郡商事（柳井正的父亲柳井等在1949年开设的一家主要卖西装的男装店）的商品摆设、流程效率等太差，因此从进入小郡商事的那天起，柳井正就没有停止过变革的步伐。直至1994年上市之前，优衣库所有的改革方式都是成功的。然而，在1995年之后，传统的SPA模式和优衣库的业务流程之间的矛盾开始凸显。优衣库的业绩出现下滑，柳井正于是开始对这一经营模式进行了再一次的升级改造。

在新一轮的改革过程中，柳井正创造性地提出了"ABC改革"，"ABC"即"All Better Change"，一切的改革都要从最基础的东西开始。柳井正这一改革的蓝本来自1997年进入优衣库的泽田贵司。在基层工作的几年中，泽田贵司发现公司的经营目标并没有传递到第一线，导致一线工作人员的工作态度与理念与公司的远大目标相差甚远。

于是，泽田贵司在一份报告中直言不讳地将此问题提了出来，指出公司的业绩还没有达到800亿日元，但是在中国的加工厂却多达140多家，而实际上公司根本不需要这么多家生产商，这样只会让公司无法进行品质管理，也无法完全掌控这些工厂。

泽田贵司的报告确实指出了优衣库当时所面临的问题，为了解决这些问题，柳井正开始在优衣库推进"ABC改革"，其核心理念是"不再将生产的商品如何卖出去作为考虑的焦点，而是将如何快速制定畅销产品作为重点，并针对畅销产品进行生产"，以此为核心的前提下，将畅销产品的企划、生产、销售等环节集中在公司下统一管理，将各个环节贯穿始终。

这次改革不同于把优衣库从传统经营模式中解放出来，进而变成SPA模式，"ABC改革"更着重于优衣库企业自身效率的提高和利润的增加。虽然和第一次改革有同样的目的，但这一次更加具有颠覆性。"ABC改革"具体从以下四个方面对优衣库的经营方式进行了改革：

一、在产品库存上，充分保证经营期内畅销产品的供应。并且保证在每一个营业期间不进行减价，不处理存货。这看似是一种价格垄断的行为，实则避免了消费者对优衣库产品的价格产生不信任感。

同时，柳井正还提出，尽量将商品可选择的数量维持到200种左右，并且不断增加同款商品的不同颜色和不同尺码，以满足消费者的不同需求。

这一措施首先是要让消费者对优衣库产生信赖感，其次要让消费者觉得优衣库能够充分满足自己的需求，进一步加强之前因为价格措施而坚定下来的消费者对优衣库的忠诚度。

二、在经营者上，柳井正更加注重店长的作用。店长是一店之长，但他更是直接与形形色色的消费者相接触的信息源头。培养起明星店长对优衣库的发展至关重要。店长不仅要会打理店面，更要能够分析POS信息，懂得如何把各种数据用电脑软件进行剖析，进而形成比较直观的图形图像以供决策者作为参考依据。

这条措施证明了柳井正真正明白谁才是优衣库中最重要的人。不是高层管理者，也不是他自己，而是无数工作在基层的店长们。优衣库这座"高楼"正是由众多店长这样的一砖一瓦盖起来的。

柳井正在店长中实行"SUPERSTAR"制度，一方面体现出了优衣库对基层人才的重视；另一方面也强化了店长和优衣库长期合作的信息，尤其是对于加盟店来说，这一决策有着不可估量的激励作用。

三、在管理上，柳井正充分调动了优衣库在SPA模式中的核心地位。每个月，迅销公司总部会把下个月要上架的衣服款式用图表软件发给各个店长。每一季度的服装一般情况下有200款左右，分为5种不同的尺寸，10种不一样的颜色。共有10000条信息需要店长在每月（甚至每周）根据自己对市场和消费者的判断作出修改，然后把意见反馈给总部。

根据这些反馈回来的信息，总部进行相应的计划调整，最后确立整个季度的生产、配送和销售计划。这个过程几乎把优衣库新品上市的所有流程都囊括在内了，由此可以确保优衣库的每款新品上市都不是设计师的闭门造车，而只有符合顾客需求的产品才是真正有价值的商品。

四、在所有流程最后，柳井正建立了一套评价体系。根据各个分店的毛利额、毛利率、库存率、利润率等一系列指标，算出每个店应该得到的奖金额度。

"ABC改革"的成效远比预想效果要好。到1999年8月，优衣库店铺的数量上升到了368家。"ABC改革"实行两年后，柳井正又稍稍调整了一下计划的细节，避免了一些易犯的错误。

"ABC改革"要求的不是技术上的创新，而是精益求精，只留下更好的，才能集中最优势的资本到最优的地方去。这种"选择与集中"的理念将优衣库的实力迅速凝结起来，成为优衣库在业界崛起的关键之举，并为优衣库累积起了能够与美国GAP等世界一流的SPA模式服装店相抗衡的实力。

以低价高质席卷市场

商场中有一个"中间必死定律",意思是说商品定位要么做最高的,要么做最低的,做中间不高不低的那部分最容易被同行挤压吞噬。服装行业也是如此,尤其是20世纪90年代日本进入了经济萧条时期,服装产业的两极分化更加严重,一端是非常昂贵的高档服装,另一端则是价格便宜但质量粗糙的低端服装。

面对这一状况,柳井正决定剑走偏锋,顺应时代,走上一条人们认为"必死"的"中间道路",贩卖"低价优质"的平价服装。柳井正的这一初衷引来行业人士的众多猜测与质疑,他们认为优衣库的高质量低价格只是一个吹嘘的噱头而已。同时,在大众眼中,低价位只能说明产品生产所消耗的成本低,等于说不论原料、缝制、染色还是设计、裁剪、款式,可能方方面面都比不上高价位产品的质量。便宜没好货已经成为人们心中早已经习惯的概念。但优衣库偏要反其道而行之。人们越是认为不可能做到的事情,柳井正越是要亲自尝试一番。

1995年,柳井正在全国性的报纸以及周刊杂志上刊登了这样一条广告：说优衣库"坏话"者，奖励100万日元。

这个广告引起了不小的轰动，消费者纷纷将自己对优衣库的不满反馈到柳井正的耳朵里。在多达1万多条的意见中，关于服装质量的内容几乎占据了90%以上。

有的说："1900日元一套的运动衫，只洗了一次就脱线了。"有的说："T恤衫穿不了多久，领口就松掉了。"还有的说："裤子上的纽扣洗几次就掉了。"……这些反馈意见让柳井正更加坚定了"将低价格高质量进行到底"的决心。

在SPA模式的支撑下，优衣库完全掌控了产品生产线，极大地减少了制造链的损失和浪费，这样就能够把产品的生产成本降低下来。另一方面，基于日本是岛国，国内原料的价格远远高于东南亚地区的其他国家，并且日本的人力资源成本也相对较高。在优衣库逐渐国际化的过程中，柳井正开始跨出国门去寻找新的适合原材料生产加工的地方。几番调查，中国进入了柳井正的视野。

中国是棉纺织业大国，在这里设置优衣库产品的生产基地再合适不过了。为了管理上的方便，1994年柳井正在上海设立了优衣库生产管理事务所，同年9月又在广州设立了生产管理事务所。

同时为了保证产品的质量，柳井正先后派出多名日本国内的技工常驻中国，对中国的生产制造过程进行指导，这一计划也是保证优衣库产品质量最有力的手段。

优衣库真的做到了不可思议的一点——低价格=高质量。这彻底打破了人们固有的观念，其冲击力之大几乎改变了服装市场的格局，同时也引领起一股产业界的风潮。

优衣库第一次以低价高质带给人们震撼是在1998年原宿店开张之际，当时原宿店的主打产品是一款以摇粒绒为原料的外套。摇粒绒面料的服装轻且保暖，并且具有速干性，但在当时并不大众化。原因在于摇粒绒服饰是专门用于登山、滑雪爱好者专业的御寒服装，价格十分昂贵。在优衣库之前也有许多卖场销售摇粒绒服饰，但其价格一直居高不下，根本不是一般市民能消费得起的。

但柳井正改变了这一现状，优衣库门店中出售的摇粒绒外套只需要1900日元（约合120元人民币），这个价格大大出乎了消费者的意外。为了能够抢购到如此廉价的摇粒绒外套，人们早早就在店门口排起了长龙，甚至引来当地电视台和杂志纷纷前来报道这一盛况。摇粒绒的热销将优衣库在日本服饰界的地位推到了一个新的高度，也改变了人们"便宜没好货"这一根深蒂固的观念。

2009年，优衣库旗下的第二大品牌GU发售了990日元（约合人民币60元）的牛仔裤，这一消息如一枚重磅炸弹砸进了牛仔裤市场。当时牛仔裤的市场价格几乎都在3000日元（约合人民币186元）以上。因为除了专业品牌之外，一般的服装企业是做不了的，人们想要购买牛仔裤，只能到专门的牛仔裤专卖店去买，此外再无其他购买渠道。可以说，牛仔裤市场当时处于"垄断"的状态。

但柳井正又打破了这一惯例，GU牛仔裤的出现几乎将5000日元（约合人民币310元）以下的牛仔裤市场份额蚕食得丁点不剩。就连当时的牛仔裤制造巨头Hobson面对990日元的GU牛仔裤，最后的结局也是破产。

与摇粒绒外套一样，990日元的牛仔裤同样是低价格却有着高质量。其缩水性和抗撕裂度两方面的水准几乎达到了行业标杆的水准。这款牛仔裤这样便宜，其生产商的来头却一点也不小，全部都是从Levis、Lee这些品牌生产厂家的生产线上生产出的，品质可见一斑。

GU牛仔裤在最初定价的时候，优衣库的员工们担心这样低廉的价格会导致公司没有利润，但面对不景气的经济环境，柳井正认为：每个人在消费的时候都会考虑自己的经济实力，如果没有心动的价格他们是绝对不会出手的。任何一个消费者进店来购物，其实眼睛第一瞄准的是低价格。只有超越顾客想象的低价格才能够引发震惊，进而让消费者在第一时间作出购买的反应，甚至完全可以忽略掉款式和质量方面的意见。

柳井正的预测没有错，从2009年3月开始进行的低价倾销策略让GU所有店铺的牛仔裤都销售一空，之前长达数月的存货在短短两周的时间里就全面断货。虽然低价销售，但其销售量达到了惊人的地步，从而保证了公司的利润收入。

价格确实是吸引消费者进商场最有力的噱头。因此，优衣库把产品的价位定得低一些，相比市场上的其他品牌对消费者的吸引力就更多一些。但价格并不是优衣库取胜的唯一因素，据调查，日本国内平均三个人之中就有两个人拥有优衣库的服装。拥有这么广大的群众基础，优衣库品牌忠诚度绝对不是仅靠低价来维系的，更多的还是靠过硬的质量。

当所有人认为"便宜没好货,好货不便宜"时,柳井正用他的实际行动向世界证明了:低价格不代表低质量,便宜也可以有好货。柳井正就在这样不断地改变人们的观念、不断地改变服装市场中,一次又一次地刷新了人们对优衣库的认识。

全世界每一个人都是顾客

"把好的衣服卖给各式各样的人。"这句看似简单的话,是柳井正在服装行业摸爬滚打了四十多年后才总结出来的真理。从进入服装行业的那一刻起,柳井正就在思考:什么才是真正的好商品?什么才是真正的好服装?那些标新立异、个性十足的服装就是好的服装吗?那些质量上乘、价格不菲的服装就是好的服装吗?答案显然不是,真正的好服装,是超越国境、人种、性别、年龄和阶级等一切差异,让人们都能穿得起的服装,柳井正对此总结为"Made For All"即造福于人的意思。

接手父亲的西装店小郡商事后,柳井正渐渐衍生出经商的兴趣,立誓将西装店发展壮大。但随着经营的深入,传统西装的弊端日渐显露出来。虽然原先以定制西装为主要生意的小郡商事每一次的成功交易背后都有不菲的利润,但一年中能达到的成功交易量却是有限的,照这样的模式继续下去，柳井正不可能实现让家族产业迅速发展起来的目标。

追根究底，问题还是出在顾客的定位上。虽说"顾客就是上帝"，但是当有一天这些"上帝"不能够带来利润时，也应该果断地放弃。起初，父亲柳井等创办西装店是将目标客户群锁定在那些每天出入写字楼的白领工作者身上。但是随着社会分工更加细致，新兴行业层出不穷，每天需要穿着西装上下班的人变成了一部分人。况且西装只是在上班或是特定场合才会穿的衣服，那么下班以后呢？而且穿衣服的人除了上班的人，还有女人、老人、孩子，如果只卖西装，就等于将这部分的客户群拒之门外了。

反观休闲服装市场，它和传统西装的经营模式完全不同。对于休闲服装来说，每一个顾客都可以尽情挑选自己喜欢的款式，甚至一个人一次性会购买多件衣服。对于柳井正来说，每一个进店购物的消费者都是指导他前进方向的明灯。于是，在看准时机后，柳井正终于作出了改变公司经营方向的决定。

柳井正不满足于生产和销售已有的款式，也不满足于保持和维系已有的消费群体。在他的概念中，全世界的每一个人都应该是优衣库的顾客，这么多人眼中自然会产生千差万别的需求，那么优衣库需要做的就是尽最大的努力去满足顾客的需求。

2009年和2010年，柳井正蝉联《福布斯》"日本富豪排行榜"的榜首。一个兢兢业业的卖衣人成功背后的诀窍就在于不断地改变，改变现有的一切，不在安稳的环境中自我满足。柳井正成功的秘诀被优衣库的起起伏伏一次次证明着，优衣库生命力的强大根源于柳井正敢于放眼世界的勇气，以及优衣库把每一个人都当成顾客，把每一个顾客都当成上帝的信条。

所以，当优衣库睁开双眼开始向日本以外的地方张望时，伦敦、纽约、巴黎和上海等地纷纷成为柳井正心中的新地标。特别是在经历经济危机之后，这些世界经济中心迫切期望能有一个可以有效拉动本地经济增长的企业进驻，优衣库的国际化战略显得恰逢其时。

柳井正在当时指出，优衣库未来10年的目标是在中国市场的销售额达到一万亿日元（约合人民币620亿元）。对如今的优衣库来说，如果再仅仅把自己界定在日本品牌的概念中显然已经落伍。全世界的每一个人都是顾客，优衣库不是日本的优衣库，它应该属于每一位顾客，属于世界各地的每一位消费者。

变革不是目的

公司是一个相对来说比较大的团队，有自己明确的目标。一旦组织或团队以公司的形式出现，那所有的员工都要勤奋努力地维持整个组织的正常运转。然而这则看似很正确的理论却遭到了柳井正的反对。

柳井正认为，组织的产生是为了"进攻"，而原有的模式只是为了"防守"。随着公司规模越来越大,很多人会不惜代价地去维持公司的正常运营。在各种法则及上司的监督之下,明知公司经营已经日暮西山的员工们也还是会装出一副勤奋工作的样子。这些都是表面现象,永远不可能让一辆正在走下坡路的汽车永久地刹住车。

外界环境一直在改变,公司原先的目标可能已经完全不适应时代的要求了,但大量的员工还在费尽气力地把公司维持在既定的轨道之上。柳井正觉得这真是十分可笑的行为。优衣库从成立到成功上市,其间进行了数次大大小小的变革。直到今天,各种变革也没有停止过。

这么多的变革,目的只有一个,就是让公司的经营目标时刻适应时代的要求。所以优衣库的公司组织一直在变,一些从大企业跳槽过来的人感受更为明显。曾经,也有人向柳井正建议维持优衣库的现状,停止变动组织形式的脚步,但是柳井正始终觉得,优衣库的流动性还远远不够,在他的意识之中,优衣库应该是每天都在变的一种组织形式。

从自上而下的中央集权式的管理形式过渡到以店长为中心的形式后,原先各个部门之间的职责也要相应地发生转变或者分解。虽然这是每个人都不愿看到的情形,但是为了让优衣库有更好的明天,柳井正只能忍痛做出这样的决定。

组织形式的变革不是目的,变革后能够让组织更好地发展才是目标。柳井正始终坚持这一观点。在柳井正进行变革的过程中,没有人知道这样的行为什么时候会停止。当一些领导者被任命到新岗位后,往往会产生得过且过、安于现状的思想。殊不知,这是滋生懒惰思想的负面效应，长期下去，其必将会从这个岗位上走下来，被更有冲劲的人所替代。

柳井正曾经列出一张组织结构图，这张图的左边写着公司的职能；后面是暂存的老部门和创设的新部门，以及这些部门现有的职责；再后面是该部门应该追求和实现的目标，以及主要负责人是谁；最后是部门的名称。在优衣库不断发展壮大的过程中，图中的部门和人名经过了数次变动。柳井正认为不及时对这张图进行修改，公司就很有可能面临跟不上时代变革的危险。

同时还需要注意，公司的变革虽然要紧跟时代的潮流，但是如果变得太过的话也会趋于形式化，从而忽视变革公司组织的基本目的。如果那样的情况发生，这家公司就站到了失败的边缘。

对于零售业来说，公司应该采取何种组织形式完全是随着销售额的多少而变更的。因此，优衣库不断进行组织变革活动是十分必要的，若是不这么做，就会在发展的过程中发现现有的组织机构机能远远无法满足正常需求，日益扩大的缺口终会导致全盘失败。

因此，柳井正在带领优衣库发展的过程中尽量避免人员调动僵硬化，各种政策也保有一定的弹性。在优衣库，公司的组织结构其实非常简单，只有部长、领导和职员三个职级，不至于出现因为人员工作调动而令公司运行失灵的意外情况。

优衣库企业内的人员调动有的是因工作需要而被调动，也有认为自己更适合某一职位而申请调动的情况。同时，优衣库公司内部还有一种特殊情况，就是公开招聘。当某一职位出现空缺的时候，公司就会通过内部系统用发邮件的方式来告知该公司的所有员工，再选定一个日子让提交申请的人公开竞聘。

在优衣库工作，人员的组织和调动都具有很好的灵活性。这也正是优衣库从创始之初一直走到现在，在经历多次失败或危机后总能够重新站起来的关键因素之一。因为柳井正和优衣库人时刻都在跟随着时代潮流变革自己的经营方式，才不会被时代抛弃。

引领时代的潮流，优衣库的休闲服装正是以这样的口号面向大众张开了怀抱。

顺应时代的广告战略

1984年6月2日，柳井正拟在广岛开设第一家优衣库专卖店，因为担心场面冷清，开业前就通过电视、广播、发传单等方式大力宣传，结果开业当天早上六点就有人开始排队等候。优衣库广岛店开业的第一天之所以会引来大量顾客排队购买，背后最大的推手就是这些具有情书性质的宣传单。柳井正在分析传单和电视广告的差异时说：传单就像商品贩卖时的"号外"，具有"时间限定"的宣传效果，特别是在周末能够发挥"集客"的功效。

优衣库散发的宣传单之所以能够获得成功，和纸质媒介的特殊性密不可分。消费者从宣传单上可以一眼就看到自己喜好的服装的价格，还能根据价格高低的不同推测出产品的热销排行榜，更能够判断出优衣库有当下最流行的哪些新款服饰。广岛店开张的时候，宣传单的作用是不可泯灭的。

然而，随着市场大环境的变化，报纸等纸质媒介的发行量大幅度减少，单纯地用宣传单宣传已经无法达到预期的效果，优衣库也开始把宣传的重点逐渐放到电视媒介上。相比即时性的宣传单来说，电视广告和平面广告都不会在短时间之内让优衣库产生巨大的销量变化。但是电视广告却能够在最大限度内帮助优衣库树立起良好的企业形象，还可以针对某一单品进行长线宣传，其所起到的宣传效果更具有延续性。

广告宣传这件事实际上是很烧钱的一种行为，但烧钱不是缩减预算开支的理由，一则好的广告能够收到的回报是投入的数百倍。在做广告预算时，单纯地计算广告的设计和制作费用远远不够。真正需要投入大量金钱的往往是广告中出现的那些人尽皆知的明星脸，明星背后代表的文化和价值观是产生广告影响力的关键，借用明星代表的文化和价值观影响力来提高优衣库的广告效应和品牌知名度，是笼络消费者的最好手段。

2008年优衣库在推出牛仔裤系列时找到了日本女星佐藤江梨子和凭借电影《死亡笔记》系列积聚下超高人气的"变色龙"演员松山健一，推出了一款长达4分钟，有如电视剧一般波折剧情的广告片。这则广告仅限定在网络上播出特别版，广告一经推出，这两位明星的千万粉丝马上把广告的点击率推到了制高点。

这款广告打破了优衣库传统的硬式营销模式，观众在俊男靓女主演的剧情下往往会忽视优衣库的营销概念，却可以记住男女主角因为某些刻意设定的行为在镜头前凸显的牛仔裤。在明星脸的背后，优衣库以超越传统模式的广告风格向所有点击观看这则广告的受众完美地传达出所售牛仔裤的功能性，同时明星也不失穿上牛仔裤后的美感。

优衣库的广告策略为什么能够取得成功？在这件事情上最具有话语权的是优衣库的广告创意总监田中先生。田中认为，优衣库的广告能够做到突破人们的想象并且成功地吸引大众的目光，和柳井正的广告宣传概念密不可分。在日本广告界，既有的观念经常成为束缚企业广告概念的绳索。

所幸，柳井正的想法并没有被既有观念束缚住，优衣库广告最后呈现出的效果是既能把全新的企业形象展示出来，又能很好地展示服装的特性且兼具流行性。

网络时代的来临具有强大的不可抗拒性。当网络在短短几年内由一种全新的信息承载媒介转变为大众熟悉的浏览方式时，优衣库意识到网络正在取代散发传单和电视广告的宣传形式。2007年8月，优衣库的一份内部报告显示，其在日本国内各个媒体上所花费的广告费用占据日本所有企业在此项投入的榜首。优衣库花在网络广告上的制作费和电视广告没有丝毫差别。据此可以肯定，优衣库把网络当成宣传自身的一大重要阵地，且有日渐加大比重的趋势。

和传统媒介比起来，网络确实是一个新鲜事物。网络的真正崛起只有20年的时间，却改变了人们的生活习惯。面对网络蓬勃发展的态势，柳井正谈到了自己的看法，他说："网络的本质，就在于它的双方向性。"他认为相对传统媒介来说，网络媒介的最大优势在于和网民的互动性。一则广告的效果如何，几乎可以在广告上线的同时就收到来自世界各地不同地区网友的反馈。在逐渐加快全球化脚步的今天，优衣库当然不能放弃网络这一宣传利器。

在玩转平面媒介和电视媒介之后，优衣库在网络媒介方面的排兵布阵也显得很有谋略。柳井正说，通过网络可以把优衣库的思考方式和经营方法告诉给全世界的消费者，还能够让世界各地的消费者和优衣库的员工直接对话，从而使优衣库可以更加了解消费者的消费潜力和消费感受，进而创造出一个完全不一样的新优衣库。

遍布世界各个角落的网络是优衣库最好的宣传工具。在柳井正心目中，未来的网络世界是帮助优衣库迅速占领各地市场的利刃。网络时代不再有员工和消费者的区别，只要彼此都有注册账号，就能够实现平等的互动交流。

优衣库作为一家国际化企业，为世界各地的消费者提供的不仅仅是服装品牌，更是全球共通的服务价值和消费体验。优衣库把在全球的宣传工作的重心放在网络上，背后还有另外一个重要原因。优衣库网络部门负责人胜部健太郎透露说："在全球化的时代潮流中，通过网络来宣传企业的价值观比起使用电视或新闻等大众传播媒介更容易达到世界规模的宣传效果。"

网络宣传的特点决定了优衣库不用跑到世界各地去做宣传，只要一根网线就可以让日本和整个地球链接起来。胜部健太郎说，优衣库全球化的进程就是要让消费者不论身在东京、上海、巴黎还是纽约，只要有优衣库的店铺存在，他们就能够买到同一款式、同样价值的服装。"优衣库的广告应该采用超越国界的方法，也就是利用网络来进行宣传。"胜部健太郎如是说。

"通过公关活动、网络和商品的强力结合，优衣库的60周年年庆获得了很大的反响，而且这一连串营销计划都没用到传统的大众传播媒介，这证明了优衣库的网络宣传策略相当成功。"胜部健太郎看到优衣库2009年的销售业绩时这样说。这一年，优衣库的销售业绩达到了2634亿日元（约合人民币162亿元），营业利润是610亿日元（约合人民币38亿元），两组数据分别比2008年度增长了39.8%和49.1%。这一年正是优衣库启动"跨世代传播"系统的第一年，如此大好的业绩让所有优衣库人看到了一个更加美好的未来。

Chapter 3
所谓成功，就是一胜九败

金融海啸中逆势而上

一波三折的全球化之路

经营就是连续试错

越早失败越好

难得的是承认错误的勇气

永远不能依靠别人

看清楚失败

十战十胜最可怕

金融海啸中逆势而上

在迅销公司山口县总部的客服中心，办公室墙上悬挂着十多块牌子，分别是从20世纪90年代开始到2010年每年的公司目标。其中有一块牌子没有标注年份，其标题是"微软——不会游泳的人，就让他沉下去"。

这句话是柳井正最喜欢的话，在柳井正看来，一个面对失败不会找寻出路的人就像在大海中不会游泳的人，最终结果只能是被大海吞没。柳井正绝不允许自己成为那样的人。

在优衣库的经营理念中，失败远比成功重要得多。因为只有在面临困境的时候人们才会被迫转变思考，从而寻找到新的出路。穷则变，变则通，如果一直都很顺利，经营者就有可能把自己的错误一直保持下去。经营环境在不断地发生着转变，如果经营者不能跟着外部环境的改变去转换自己的经营思路，就永远都不会有创新和变革，也就永远不会得到成功的可能。

进入21世纪之后，优衣库经营状况的下降成为不争的事实。正当柳井正还在思考应该怎样做才能为优衣库注入新活力的时候，2007年~2009年全球金融危机爆发了。众多世界知名企业在金融风暴中纷纷倒闭，《福布斯》杂志的富豪排行榜也发生了翻天覆地的变化。有的人认为一切都要结束了，有的人在努力让自己的损失降到最低，只有柳井正认为这是优衣库快速发展的难得机遇。

首先，经济危机的到来让各行各业的进入门槛都降低了。对于优衣库而言，开一家分店所需投入的资金会降低很多，因为无论原材料还是房租租赁费都呈现出了下调的趋势，这样无形中等于降低了运营的成本。这部分节省下来的成本可以用来去做让效益增收的事情，比如说研发出新的产品，或是在旧款产品上作出改良。

其次，金融危机加速了市场上的优胜劣汰，让许多存在着经营不善、内耗巨大、内部问题早已经千疮百孔的企业提前退出市场。而那些一直踏实经营的企业只会在风暴中变得更加坚强。如果说在金融危机之前老百姓还不知道哪家企业好、哪家企业更加值得信赖，那么金融危机可以说帮助百姓们解决了这个问题。显然，那些能够在金融危机中存活下来的企业绝对是有实力的企业，比如优衣库。

最后，在金融危机中，政府不会对创业中的企业置之不理，而是会为了扶持经济对企业开出一些优惠的政策。这对任何一家企业而言都是再好不过的事情了。

可以说，这场金融危机是行业的大洗牌，给那些起初没有抓到好牌的人再一次摸牌的机会。柳井正是在优衣库进入经营低迷的时期遇到了这样重新摸牌的机会，聪明如他，又怎么能放弃这个机会呢？

当所有人认为在经济不景气的情况下做什么赔什么，最好是按兵不动，这样还能减少损失的时候，柳井正不但没有停下脚步，反而加快了扩张的脚步。在金融危机中，优衣库的设计团队设计出了Heattech服饰，并借力于其热卖使优衣库2009年的营业额比2008年度增长了32%，还一举创下了从开创优衣库店铺以来的单月最高营业额的纪录。

在世界经济持续低迷的阶段，优衣库的好彩头像是多米诺骨牌一样引发了一连串的蝴蝶效应。优衣库的股价因此水涨船高，飙升到5年来优衣库股价的最高数字。

所有媒体都认为优衣库的第二次崛起得益于Heattech服饰。仅在2009年冬季，优衣库就预订下2800万件Heattech服装。奇迹再一次出现，在冬天还没有到来的时候，部分款式的Heattech服装就卖到断货。

态度是行动的先决条件，优衣库通过改变使Heattech的销量突破千万件，恐怕是任何一个休闲服装从业者从来不敢想象的数字。当别人还在怀疑的时候柳井正已经开始行动了；当别人开始行动时柳井正已经开始盈利了。

当柳井正综述自己如何从困境中扶摇直上的时候，他说是因为自己一直都站在消费者的立场去考虑问题。面对媒体，柳井正甚至会亲自充当推销员的角色来介绍Heattech服饰。因为对优衣库生产的Heattech服饰完全有信心，柳井正坚持认为如果这款特点如此鲜明的服装不能够进行大规模的生产将会是极大的遗憾。

在金融海啸中，谁也不清楚最后坚持的结果会如何，但也只有坚持下去才能看到结果。能够在金融海啸中逆势崛起，对柳井正和优衣库来说靠的就是一份不放弃的精神以及始终抱有希望的乐观态度。那些习惯于将业绩下滑归咎于经济不景气的经营者是无法将失败变作动力，然后果断地下定决心并付诸实践当中的，他们迟早会将企业推向灭亡的深渊。

面对挑战，尽管有时成功的机会只有1%，但从另一个侧面来说也就是失败的概率占99%，只要有创新和变革的可能性就值得去尝试。挑战，需要把目光放在自己如何才能成功上面，而不是专注于看似庞大的失败中。

一波三折的全球化之路

商场上没有永恒的成功。每个经营者只要努力都会找到属于自己的成功方式。但并不是每个经营者都能学会忘掉成功，当经营者一旦被胜利冲昏了头脑，随之而来的就是失败。

在优衣库经营的历史上，失败是屡见不鲜的事情。日本的媒体这样说："优衣库早已经习惯了失败。"柳井正自己也曾经说过："只要（对企业）不至于致命，我认为失败也无所谓。因为不去做就不知道结果如何；在行动前考虑再多都会是浪费时间。只要一边行动一边修正就好了。"

但在国际化的市场上，想要获得绝对的成功是几乎不可能的事情。尽管优衣库的国际知名度并不高，但这也说明了其潜在市场的庞大。优衣库在日本国内几乎是以倍数的速度迅速崛起的，倘若在全球化的征途中优衣库可以复制本国的成功的话，那么柳井正许下的"5兆日元销售额"的梦想将很快变成现实。这一天的到来也预示着优衣库将成为全球最大的服装连锁品牌。

柳井正正是这么做的，他选择了继续扩张销售网点的方式，希望在2020年的时候能够达到1000个销售网点。这样的方式具有鲸吞的性质，同时也担负着很大的风险。全球化的过程和在日本本土的扩张有不一样的环境，如果单纯地效仿本国的经营方式，可能会让优衣库一败涂地。

2000年6月，优衣库在伦敦成立了分公司，柳井正把这个分公司当成调研英国市场的情报站，同时也是优衣库步入欧洲市场的一个试水点。当时，纽约的零售业市场已经非常庞大了，优衣库作为一个并不算成熟的企业很难在这里分上一杯羹；巴黎虽然自诩为世界时尚中心，可现实是这里的人保守，并且很自负，意大利的品牌乔治·阿玛尼曾经想在巴黎开店，就遭到了当地人的强烈反对。柳井正对优衣库能否在巴黎扎稳脚跟抱着十足的怀疑态度。相较而言，伦敦成了最佳的选择。

在伦敦，柳井正一口气开设了21家优衣库门店，首次启用了现地法人制度，就是用当地人作为管理者。但是这一"入乡随俗"的做法最后却成了伦敦"战场"失利的主要原因。首先是经营方法上的不同，比如在日本的优衣库店中，服务人员会留心店内的所有情况并及时修正。但是在英国优衣库，垃圾掉在地上服务人员也会视而不见，因为那是专门负责清扫的保洁人员的分内事。为了使优衣库固有的经营方式与英国式的经营方式相适应，店铺的经营迟迟无法步入正轨。

其次，因为当地的店面负责人出身老牌百货公司，所以其经营管理模式也透露着浓重的古典主义气息。他组建的管理团队中没有人喜欢创新和改变，店员和店长之间的等级关系十分明朗。久而久之，管理的僵化和上下级之间沟通的障碍等矛盾就开始出现了。管理者根本接触不到消费者，就不明白消费者到底需要什么；员工只是在简单地做自己的销售工作，他们更不明白店长希望自己从消费者的身上获得什么样的信息。

这样的经营状态持续了大约两年半的时间，伦敦几乎所有的店铺都处于亏损中。无奈之下的柳井正只好陆陆续续关掉了无法再经营下去的店铺，到2003年21家店铺只剩下了5家。

继伦敦后，2001年8月优衣库又正式启动了挺进中国市场的计划。在店铺的经营模式上，柳井正听从了时任优衣库中国地区负责人林诚的意见，优衣库的服装在中国的价格低于日本，质量也略差于日本销售的同类产品，以此来弥补利润上的损失，这样是为了能够迅速在中国打开市场。但也正是这样的定位，让优衣库从一开始进入中国就没能找准自己的位置，导致他们在中国市场上遇到了重重劲敌。

原本，柳井正认为优衣库在国际化的道路上只有ZARA和H&M两大主要对手，却没有想到在中国境内新崛起的品牌也成为优衣库全球化战略的死角。这里首当其冲的竞争者就是中国的本土品牌——美特斯邦威。

美特斯邦威原本只是和国外的服饰品牌合作的生产工厂，技术成熟后成立了自有品牌。美特斯邦威属于中国国内的自有品牌，在多方面受到政府部门的保护，相对于优衣库来说美特斯邦威更加熟悉中国市场，广告中的明星形象在中国也更具知名度，唯一欠缺的只是在营销上的努力，但这只是一个时间的问题。

因此，在中国市场上就突然地崛起了一个和优衣库的经营模式几乎相同的品牌，所以哪怕优衣库已经刻意迎合了中国人的消费水平，但中国的消费者却并不买账，这使优衣库未来10年的构想能否实现成为未知数。

更让优衣库意想不到的是，当他们开始在中国最大的网购平台淘宝网开始进行B2C的销售时，一个更具威胁性的中国国内本土品牌——凡客诚品也以优衣库的模式为基准复制并迅速在网络上崛起。

2005年优衣库又进入了美国市场，但是由于店铺的选址过于偏僻，没能引起美国消费者的关注，最后也落了个惨淡收场。

在全球化扩张的战略中，完全复制日本国内的成功模式本来就属于冒险行为，再加上优衣库的管理团队只看到了全球范围内的潜在市场，却没有看到在这些潜在市场中存在的潜在爆发力。何况面对全球范围内诱人的大蛋糕，也不是只有优衣库懂得先下手为强。因为没有及时意识到危险的存在，所以优衣库失去了最好的扩张机遇。

这一波三折的全球化之路对柳井正而言可谓是惨痛的失败了，但柳井正不是摔倒之后毫无想法的人。通过这几次失败，柳井正吸取到了教训："在全球化的过程中必须要考虑清楚应该如何迈好每一步。在不得要领的情况下开分店，不管是开10家、50家，甚至开100家都没有任何意义。"没有人会把这么大的失败当成儿戏，重要的是能够从失败中重新寻找到成功的机遇和希望。

果然，在此之后柳井正改变了策略，将迅速展开销售网店变成优衣库经营全球性业务的旗舰店。当优衣库的旗舰店从天而降般地出现在世界各国主要城市的黄金地段时，对当地人造成的冲击力可想而知。

经营就是连续试错

失败是一个人乃至一个企业成长中必经的过程，柳井正对失败的恐惧远逊于对于成功的渴望。柳井正说："我总在面临失败，到现在为止的胜率大概只有一成左右，唯一成功的就是优衣库。"这正是柳井正"一胜九败"经营哲学的来源。柳井正坚持的理念是：做生意，不管什么时候都要保持昂扬向上的姿态前进，尽管会遭遇曲折，但只要还有1%的机会就应该勇敢地去面对挑战。失败了九次，在通往成功的道路上就有九次经验可谈。

在柳井正的经营过程中，其做的尝试又何止九次。优衣库门店在广岛成功开市后，柳井正就起了要进军国际市场的野心。为此，他决定在纽约成立一家设计分公司，纽约是集合各种时尚潮流的都市，柳井正希望以此为据点，让优衣库的服饰风格更加国际化。

最初柳井正的预想模式是按照从纽约传过来的设计思路去设计优衣库的服装款式，然后把设定好的款式交给中国大陆的生产厂家进行生产，然后将成品再返回日本国内进行销售。但经过近一年的努力，第一批按照这个模式生产出来的服装完全都是单调、灰暗的色彩，和日本国民期盼的色彩缤纷的优衣库服装完全相反，根本就得不到日本国民的认同。

柳井正设想的模式很不错，但是却忽略了地域的差异性。两个地区的生活方式和地域文化不同——纽约是一个相对于比较开放的地区，而日本则是一个相对于保守的民族，日本人根本无法接受这些流行的款式。

这次失败让柳井正深刻地明白了彼此交流和协作的重要性。柳井正是个绝不会因为一次失败就停滞不前的人，他又在东京涉谷、大阪和山口成立了商品事务所，这样一来，包括纽约在内，优衣库就在四个地区都设有事务所了。柳井正原本想通过这四个地方的信息流通来掌握最适合日本本土的潮流信息。这个想法很不错，但是在实施的时候却困难重重，经常会存在信息沟通不畅的状况，而且因为每个事务所的意见不同，成员间经常发生不必要的纠纷，导致柳井正无法从中得到统一的答案。

最终，柳井正不得不关掉了纽约的事务所，然后将公司的企划研发部门搬到了东京。绕了个圈子，又回到了起点，不但没有产生利润，还赔了不少本金。这让柳井正感到非常懊恼。

不过，懊恼归懊恼，柳井正还是认为：经营其实是连续试错，因为做生意本来就得面临失败。这就是商场，挑战100次大概只有1次能成功就是赤裸裸的现实写照。但对于柳井正和优衣库来说，他们在乎的不是自己会不会失败，而是在失败后有没有重新站起来的勇气和信心。

在优衣库的经营逐步步入正轨之后，柳井正发现优衣库服装的风格基本上都是休闲风格，休闲风与运动风相差无几，却没有运动风格的服装更好卖。如果能够将运动风和休闲风结合起来，说不定会起到1+1＞2的效果。于是，柳井正当下决定做一家运动休闲的专卖店，起名为"SPOQLO"。

没过多久，柳井正又发现女士服饰和儿童服饰的市场销量非常好，于是又开了一家名为"FAMIQLO"的专卖女士和儿童运动休闲装的专卖店。在短短一年多的时间里，这两个品牌的店铺陆续开了几十家店，但销售情况都不乐观。

ＦＡＭＩＱＬＯ的销量一直表现不佳，最后不得不关门了事。而ＳＰＯＱＬＯ和优衣库之间又存在着很多交叉经营的地方，一旦某款运动衣出现脱销的现象，SPOQLO总是需要到优衣库的仓库去提货。这样一来只会造成两边都不讨好的现状，何况站在顾客的角度考虑的话，本来应该是实现一站式购物的，现在却要分别跑两家不同的店铺，不少消费者因此怨声载道。

接二连三的失败让优衣库陷入了自发展以来的第一个低谷，所有店铺都呈现出了负增长的趋势，导致柳井正不得不连续三年下调预期业绩额。这次教训让柳井正铭心刻骨，但却没有阻挠他那颗想要迅销公司更加多元化的决心。柳井正不是一个安分守己的人，在他的自我意识中，优衣库应该是每天每时每刻都在变动的组织，他的目的只有一个：让公司适应时代的要求，进而引领时代潮流。

柳井正虽然信奉"不论是1%还是99%的机遇都应该去挑战"的理念，但如果这个项目无法与优衣库产生协同效应，那么即便有再大的发展潜力，都应该放手。

一旦失败，就要立即转移战斗方向，撤退得越迅速，损失就越少。只有能够从失败中站起来的人，才能够重新积攒起新的力量。柳井正经历了数次失败，才换来一次的胜利，只有不断累积小小的失败，才能够看到最后的成功。

越早失败越好

巴尔扎克说："世界上的事情永远不是绝对的，结果因人而异，苦难对于天才是一块垫脚石，对能干的人是一笔财富，对于弱者而言则是一个万丈深渊。"真正的大智慧者无一不是从失败中汲取的教训。古今中外，大多成功者都经历过失败，从失败中他们体会到方法，思考到原因，才能让自己变得更加成熟。

对于经营公司而言，最惨痛的失败就是公司倒闭，这是绝对不允许出现的局面。因此，对公司的经营者而言，早一点遇到失败就能够早一点懂得如何避免出现更多损失，越早经历失败越好。

纵观柳井正的成长经历，虽然他一直被父亲严格地管教着，但总体来说还算是一帆风顺。从大学毕业后，柳井正在父亲的安排下进入佳世客公司工作了一段时间，佳世客是一家超大型的连锁零售企业，佳世客的工作经历让柳井正增加了不少经验，但这些经验对于经营一家并不大的西装店而言还显得太稚嫩了些。

在掌管父亲创办的西装店小郡商事不久，柳井正就发现店内的经营存在着很多问题，他决定来一次小小的改革。当员工工作效率低下时，当时年轻气盛的柳井正经常会因此严加呵斥他们，比如当他看到哪个店员接待顾客的时间长了，就会立即对那个店员说："如果你的工作效率再不提高的话，那么我们就没办法进步，更无法提高收益，这样怎么能开一家更大的店面呢？"对于一些自己看不顺眼的地方，他会毫不留情地在一旁指手画脚。柳井正原本希望通过自己的变革能够让店员们鼓起精神来，与他一起闯出一片更大的天地来，却没有想到自己的言行遭到了店员们的一致反对。

在店员们的眼中，年仅22岁的柳井正不是在"变革"而是在"瞎指挥"，有些店员甚至直言不讳地反驳他："我们已经很努力地拼命工作了。你还想让我们怎么做？"还有人说得更难听，直指柳井正不过就是店长的儿子，根本没有什么真本事。

最后，这场"改革"以失败告终，6名店员走了5名，除了柳井正，就剩下一名叫浦利治的店员还在坚守岗位。那些离开的店员，都是从柳井正记事起就跟他同吃同住的人，柳井正万万没有想到这些人会离开他，离开小郡商事，这对柳井正而言是一个非常大的打击。

难道自己做错了吗？柳井正开始反思自己。没有人天生比别人笨，只有那些害怕失败的人才永远不会取得成功。因此，失败对每个人来说都应该是成长，而不是毫无意义的懊悔和沮丧。

柳井正一直以为正直、有正义感、说话直截了当等性格是自己的优点，但通过这次失败，让柳井正清楚地看到这些所谓的优点在管理中正是自己的缺点。说话直截了当，对于被管理者而言是毫不客气、严厉过头，自然会引起他人不愉快的情绪。人的优点和缺点不就是这样错综复杂地纠缠在一起吗？

当柳井正怀着忐忑不安的心情向父亲汇报这一失败经历时，原本以为会遭到父亲的一通责骂，甚至做好了被收回西装店经营权的准备。然而，父亲却没有一句责备之词，而是将小郡商事的重要账本和公章一并交给了柳井正。父亲的信任让柳井正体会到怎样做才是一名了不起的经营者，那就是：无须多言，用行动去证明自己的立场。

柳井等用沉默给柳井正上了深刻的一课，这对柳井正的激励效果不言而喻，他当时就下定决心，一定要做出一番成绩来给父亲看看。柳井正开始改变，他从一个高高在上的"指挥官"转变成了一个事事亲力亲为的"打杂工"，店里几乎所有的活计，包括进货、搬运、整理仓库、接待顾客、会计财务、打扫卫生等都被柳井正包揽下来。有时候他累得连喘气的时间都没有，但这却是柳井正感觉非常快乐和充实的一段时间。

每天，柳井正都会将当天的工作逐一整理出来，然后对其进行分析，搞清楚经营中的每一个环节。这样，在招聘员工的时候柳井正就能够毫不费力地将工作的内容和流程说出来。店内每天的销售额及所销售的服装种类都深深地印刻在柳井正的脑海中，久而久之，什么样的顾客更青睐于选择什么样的款式，柳井正几乎一眼就能分辨出来。

很长一段时间里，为了达到自己的目标，柳井正白天在店里提高销售额，晚上回家后就读一些与管理相关的书籍来充实自己。比他头脑灵活、动作迅速、财力丰厚的与人比比皆是，但最终只有柳井正将事业做到了自己预想的样子。正如他在《怀抱希望》中所说的那样，梦想总是始于"说不定我也能做到"的"妄想",脑中无物、每天安慰度日的人永远也得不到机会。

如果说之前柳井正还在怀疑自己是否适合经商,那么这个时候他已经完全相信自己了,相信自己有能力并且能够做好经商这件事。

小郡商事变革的失败,是柳井正在经商路上遇到的第一个失败。但这个失败没有让他打退堂鼓,反而将他的斗志激发了出来,让他懂得更加客观地分析自己的优点和缺点,也让他真切地体会到:一个真正的经营者不是命令的发号者,而是事必躬亲的亲为者。所以,当优衣库的店铺开遍全球时,作为公司的最高负责人,柳井正依旧能够对公司的一线业务了如指掌。

无论做生意还是做其他事情,关键是要能从失败中吸取到为己所用的经验,让自己不断成长,能做到这一点的往往是年轻人,因此,柳井正会经常给自己的下属或前来求教的人一个非常奇怪的建议:越快失败越好。因为他认为,只有越早地遭遇失败,才能够越早从失败的过程中发现自己的不足之处,从而为自己的成功多争取一些时间。

难得的是承认错误的勇气

对企业经营者而言，想要颠覆已经作出的决定，就需要有比作决定时更大的决断力。因为人们更重视决定失误所带来的影响和维护自己的面子，经营者做修正的决定时往往会十分缓慢、拖沓。尤其是那些独裁型体系的企业经营者，由于他们掌握着公司的绝对权力，承认错误意味着要招致来自企业上下的批评，因此很多人不愿意承认或面对错误与失败。而作为企业独裁者的柳井正却是个例外。

1996年，柳井正出资买下了一家以儿童服装为主打的研发销售公司VM，这家公司的儿童商品当时在市场上非常有竞争力，尤其是其背后的总公司VJ生产的服装在整个行业中都有高质量的美称。因此柳井正一次性地买进了VM公司85％的股票，成为其最大的股东。

但柳井正只看到了表面，令他没有想到的是，VM获得了独立的商标权后，和VJ之间因为商标使用权的问题纠缠不清，VM被VJ告上了法庭。最后的宣判结果是：如果VM想要继续经营的话，必须放弃现有的商标，还要赔偿VJ公司一定的损失费。

此时VM已经是属于迅销名下的公司了，最终赔款的事宜将由柳井正来承担。更加让柳井正气愤的是VM已经出现了财政赤字,偌大的亏空加上赔款,让柳井正觉得自己有些承担不起,于是他果断地关掉了VM所有的店铺,只将一些优秀的设计人员留了下来,作为优衣库将来进军童装业务的主力。

古语云:"知错能改,善莫大焉。"是人就都会犯下错误,关键在于,犯错之后能够及时地承认并改正。在这次收购VM公司的过程中,柳井正的初衷是好的,他原本打算将优衣库自己企划的商品打着其他商家的牌子推向市场。但是失败的结局让柳井正认识到了这种方式是行不通的。所以他及时地承认了自己的错误,以免一错再错。在此后的并购行为中,柳井正采取了与这次并购相反的方式,用"优衣库"这个品牌来整合公司对外的品牌形象。这是他从这次失败中吸取到的宝贵经验。

在错误和失败面前,柳井正从来不会有所隐瞒,他甚至会非常注意让员工们看到他的失败。每次遭遇失败之后,柳井正都会与全体人员进行谈话,与每个人进行分享,告诉大家为什么失败了,接下来该怎样做。只有将失败暴露在"光天化日"之下,才能让所有人看到失败,一起从失败中学习成功的经验。

2001年,柳井正结识了永田照喜治(日本农业研究家)。当时,永田照喜治对柳井正提起了一种培训农产品的新方法。永田照喜治认为,经营食品行业,最重要的是要销售新鲜且安全的水果、蔬菜,这种新方法不用人工进行浇水施肥,完全凭借植物自身的生命力生长,可以说是完全绿色无公害的。这让柳井正瞬间点燃了进军食品行业的热情，他心中满是希望，坚信只要自己努力就一定能获得成功，能彻底改变日本当下食品行业的经营状况。

2002年9月，迅销集团旗下的FR食品公司成立了。柳井正希望优衣库的成功模式能够顺利地嫁接到其他行业，进而在日本打造出一片"优衣库王朝"。但很快柳井正的设想就化为了泡影。因为如果想要在农业领域贯彻优衣库的经营模式，就不能只去进行商品流通线路的改革，还必须进行农业经营。然而，日本对农业行业的规定太多，完全不可能将农业作为一项事业而且是大事业进行运作。

一直从事服装买卖的优衣库不是生产蔬菜、水果的专家，农作物也不可能像工业制品一样按计划去生产。尽管很多人力物力财力都投入其中，2004年4月优衣库还是不得不全面撤出这一领域，以在FR公司身上浪费了二十几亿日元而告终。

当初柳井正作出进军蔬菜业务的决定时就遭到了许多反对的声音，柳井正排除众议却得到了一个失败的结果，因此承认这份错误需要莫大的勇气。事后，柳井正认真地反思了这个挑战失败的原因，那就是他们无法将培养至今的优衣库的经验及人才活用于农业方面，他们的强项在于自主生产和营销纤维制品，在无法施展这一强项的业界，优衣库模式是不可能适用的。

优衣库虽然在企业收购和蔬菜事业上遭遇了失败，但好在柳井正能够认识到问题的严重性，并在第一时间承认错误，没有等到错误发展到不可收拾的地步才收手。对经营者而言，最难得的就是出现错误后能够及时承认并更正。

永远不能依靠别人

人在年轻无名、微不足道时常会遭受不公平的待遇，难免会使人在心里暗自愤慨。但在柳井正看来，这不见得是一件坏事，因为只有悲惨的体验和痛苦的经历才能成为人的一剂"强心剂"，使其更加努力地投身到事业当中。

1991年，柳井正在优衣库的公司例会上提出"三年内开满100家店"的目标，因为只有这样，公司才能够成功上市。开店需要本金，为此，柳井正向银行提出了贷款申请。企业资金不足，向银行借贷，是再正常不过的事情了，或者可以把银行当作是中间商，通过银行实现融资。但银行是否拿钱出来的前提是他们必须确保自己贷出去的钱都是有保证的，是以有明明白白、清清楚楚的收益为前提的。

当时，和优衣库有业务往来的公司有数十家，其中包括销售代理公司、装饰公司、房地产公司、采供公司等。这些都是柳井正为了全面推行SPA模式而联系的业务公司，但联系的公司越多，优衣库的账目就越容易混乱不清，尤其是在彼此文书往来的过程中，公司内部账目被泄露出去的危险性很大。一旦让准备投资的股东了解到公司内部存在着如此混乱的态势，其投资的信心必定会大打折扣。

柳井正意识到这时要做的是减法，而不是加法。只有减少与联系公司彼此间业务上的往来，才能够让优衣库以最轻松的姿态出现在公开招股的过程中。为了解决当下混乱的状态，柳井正托人联系到一家资产管理公司。整整用了一年半的时间，他们才把和优衣库存在业务合作关系的所有公司信息都整理清楚，也为柳井正日后选择保留哪些公司继续合作提供了依据。

准备好了这一切，柳井正就立刻向银行提出了贷款，这时却半路杀出了"程咬金"，这个"程咬金"就是当时已经成为上市公司的青山公司（青山商事株式会社，全球最大的男装零售商，在世界服装领域占有重要地位）。青山公司有意进军休闲服饰领域，而当时的优衣库在柳井正的带领下正陆续地开出了许多郊外型休闲门店，而且吸引顾客的能力还不错，所以如果青山公司能够将优衣库收至麾下那无疑是锦上添花的事情。可是对雄心勃勃想要上市的柳井正而言这可不是什么好事，所以柳井正几乎不加任何考虑就拒绝了青山公司。他虽然很缺钱，但是绝不会为了钱出卖自己一手经营起来的公司，况且在柳井正心里，他还有一个强大的后盾——银行。

只是让柳井正没有想到的是，他眼中的后盾竟成了他的障碍。当柳井正带着一份详细的规划书来到广岛银行提出贷款申请时，广岛银行却并没有表现出柳井正预想中的热情来。

当时，优衣库公司发表的年度决算是销售总额为143亿日元（约合人民币8.8亿元），税前利润是9.2亿日元（约合人民币0.56亿元）。比上年增长了5.7亿日元（约合人民币0.35亿元）。按道理来讲，这样的增长幅度正是银行希望看到的。但令柳井正没有预料到的是，当时正值日本的经济泡沫开始崩溃，从广岛银行贷到款的好几家高利润率公司都倒闭了。

面对利润快速增长的优衣库，银行担心这也是一个巨大的泡沫，一碰就碎。所以广岛银行拒绝继续为柳井正提供资金支持，还好心提醒柳井正："在这样的经济环境下，还是不要再开新店为好。"这句话让柳井正极为恼火，他们怎么能够知道自己的远大志向呢？银行没有逆势而上的勇气，不代表自己经营的公司在这种环境下也不能实现盈利。

在这家银行的授意下，柳井正又制定了另一份贷款申请来到别家银行进行商榷。多次面谈后，银行终于通过了最终审查，并且批复了柳井正的申请。但此时柳井正和他父亲的所有资产都抵押在广岛银行中，想要在新银行贷款就需要从广岛银行抽调一部分抵押资产出来给新银行。

柳井正信心满满地又来到了广岛银行，说明原委后却没想到之前拒绝他的那个银行经理非常生气，他责怪柳井正放弃他们而去找新的主顾。这让原本充满信心的柳井正一头雾水，当初不肯继续贷款的是他们，现在自己想取出存在广岛银行的30亿日元又遭到了拒绝，广岛银行的经理理直气壮地说那是担保金，不能取出。柳井正有钱只能存在广岛银行，没有办法动用它来做别的事情。

其实，银行这样有意为难柳井正，不过是想让柳井正把银行当成中间商，把自己的银行介绍出去，以增加银行的业务量。银行经理为了说服柳井正把他们也引荐过来，多次派人向优衣库的董事会做说客，以给柳井正开新店增加压力。

柳井正以为，只要银行贷款给优衣库，每个月向银行缴纳足额的贷款利息就可以，彼此之间应该是平等合作的关系，但现实却给他上了深刻的一课，让他明白在成功的道路上永远不能依靠任何人。事实上，只要是商业人士，都遭遇过不合理的待遇，没有谁可以一直走在宽阔平坦的大道上，但不管形势多么冷峻，发泄完内心的不满后还是要继续前行。

看清楚失败

天有不测风云，这是自然环境的复杂多变，但如今的社会环境和经济环境更是风云万变，比起自然环境可谓有过之而无不及。对于身在商场中的人而言，从来就没有"乘风破浪会有时"的"一帆风顺"，遭遇挫折和失败不仅是可能发生的事，而且还会时常发生。能不能冷静思考失败的经验教训是一个经营者必须要面对的严峻考验。可以说，优衣库是在一次又一次的失败中，一步步接近成功的。

1994年，优衣库在广岛证券交易所上市，此时优衣库已经拥有了上百家店铺，但这上百家店铺几乎都集中在日本的非关东地区。关西和关东是日本分辨地区的一种表达方式，关东地区主要包括茨城县、群马县、东京都、东京郡、千叶和神奈川等县，其以首都东京为中心，是日本人口最密集的地区。东京是日本的首都，也是日本一切资讯的聚集地，仅东京一个城市的GDP就占了日本全国的1/3。因此，把店开到关东去成了柳井正在优衣库上市后的第一个目标。

首先被柳井正选中的城市是千叶县，但这个店的销售情况却出乎意料的差，店里的衣服几乎都卖不出去。根据柳井正以往的经验，一家新店铺开张后，只要早晨一开门就会有顾客光临，可是千叶店却相反，早上开门后居然没有顾客前来，那冷清的场面令柳井正感到不妙，同时也让他记忆深刻。

柳井正认为一开始销量低是很正常的，在任何一个地方开新店都会遇到这样那样的问题，遇到问题着手去解决就好了。通常，在这种情况下经营者都会加大开店的数量，以此来形成规模效应，逐渐将每个店的销售量提上来。但是在关东地区这个方法却失效了。在整整四年的时间里，关东店的每个店铺都处在亏本中。

关东地区人口密集，为什么销售额就是上不去呢？柳井正一直在琢磨这个问题。后来他终于明白，原来在关东人眼中，优衣库不过是一家从关西过来的打折店，这意味着便宜没好货，对于十分注重品质的关东人而言，优衣库自然无法引起他们的关注。

后来，优衣库在北海道地区开店也遇到了同样的状况。两次失败的教训让柳井正明白了，到一个新的地方开店时首先要了解当地的消费观念和消费习惯，否则就会出现"牛头不对马嘴"的情况。事实上，柳井正在开店失败方面得到的经验教训还不止这一两次。

很多人都以为原宿店是优衣库第一家开在市中心的店铺，其实它应该算是第二家。市中心的第一家优衣库店铺开在大阪，叫作美国村店。因为地理位置欠佳，商品几乎无人问津。因为它是优衣库第一家开在市中心的店铺，优衣库人当时还没有在市中心开店的经验，因此宣传上完全套用了传统的宣传模式。宣传单上的各种折扣商品都被详尽地罗列出来，连在特定日期销售的超低价双面绒也登在了宣传页上。如此一来，给人的印象就是该店铺完全是其他店铺的复制品。甚至有很多人并不明白这个店铺主要经营什么，人们都以为它只是出售折扣商品，因此对店里商品的质量一直保持着怀疑的态度。

如果店铺开在郊外，商家可以快速地计算出周边多少公里内有哪些潜在顾客，这些顾客的消费方式又是如何。只要做一个简单的市场调查就能够清楚地分析出在郊外开店的风险性，然后根据调查结果制作宣传页，再派专人散发，就可以起到很好的效果了。但市中心和郊区的情况完全不一样，这里人口的流动量要远远大于郊区，甚至周边根本没有常住人口，因此市场调查成为一件非常困难的事情。

或者可以说，在市中心没有明显的商圈。这里各种店铺林立，如果经营的商品没有任何特色，就一定不会受到行人的注意。若要在这里做广告，就必须把广告的覆盖范围扩大，只是一味沿袭郊区店铺的经营方式是绝对不行的。美国村店最后失败了，因为商品种类虽然繁多，但由此而造成的顾客分层也十分严重，无法汇聚起更为集中的回头客。同时，美国村店宣传手段的失败也是导致其最后关门大吉的一大原因。

在优衣库的经营理念中，有一条是"要彻底地分析成功和失败，并且从中提炼出有用的信息，作为下一步行动的参考"。用更直白的话讲，就是要从成功和失败中吸取经验教训，以便为后来的行动作借鉴。

有时候，在失败中人们才能更加清晰地看到自己的处境；在深陷绝境的时候人们才能够将一切看得透彻。对于失败，柳井正始终是心怀感激的，因为正是失败让他没有迷失方向，让他更加看得清自己、看得清优衣库未来的发展方向。

1997年优衣库在东京证券交易所二部上市后，经过1998年一年的准备，1999年2月在东京证券交易所一部也成功上市，优衣库作为一家新型的新兴企业出现在世人面前。成功的背后，不仅需要克服一次又一次的失败，更需要一双能看清楚失败原因的锐眼。

十战十胜最可怕

在优衣库发展的困难时期,柳井正读到了麦当劳创始人雷·克洛克的自传——《把成功扔进垃圾桶》,在这本书中,雷·克洛克讲述了自己创办麦当劳的过程。读完这本书后柳井正受益匪浅,既然雷·克洛克能够将现场制作的食品作为快餐去销售,服装为什么不能呢?受此启发,柳井正将小郡商事的名字改为了"迅销"。

"迅销"这个名字很直白地体现出了"速度"的意思,而速度是商业竞争中最不可或缺的因素,它是所有商业行为的原动力和制胜法宝。没有速度的企业就不可能在商业上取得最大的成功。柳井正认为,如果失败是不可避免的,那么越快速的失败就越能够节省资源。如果你能够迅速地看出失败的苗头,就有可能制止一个又一个的失败,从而为通往成功的道路扫清障碍。

提倡速度的前提是要认真考虑清楚应该做哪些事情和不应该做哪些事情,分辨清楚是非之后,再去强调做事的效率。很多人在失败后因为爱面子,都不会承认自己失败了,其实越是不敢去面对,失败对他的打击也就越深。在商业上,失败的最坏情况就是公司倒闭。"公司绝对不能倒闭",只有把这样的概念深深植入自己的内心,才会想到让失败早早来临可以避免更大损失的出现。

失败要有失败的价值，有价值的失败是通往成功的必经之路。我们需要从失败中理清楚，到底是什么原因阻断我们取得成功的脚步。不在同一个地方跌倒才是明智的选择。如果因为一次失败而带来更多的失败，这样的失败就毫无意义可言，已经完全变成一种损失了。

任何人都知道，成功并不是顺顺利利就可以取得的，想要成功，就必定会有失败的风险。就像硬币的两面，在硬币还没有落地之前，谁也猜不准到底是哪一面朝上。谁都想快速地实现成功，柳井正最后的成功建立在他九次失败的基础上。不让最坏的情况出现，这样才有机会实现东山再起的梦想。

当然，有了计划还是要去执行的。不能因为害怕失败就放弃了计划，放弃计划的同时等于也放弃了成功的机会。计划只有在执行之后才能够知道它好还是不好，以及应该怎样调整未来的发展方向。如果真的想要在商业中取得成功，就要勇敢地去把自己的计划付诸实践，即便会失败也不应该放弃。

以柳井正的观点来看，所有的计划都只是纸上谈兵。正是因为看似详尽的计划在执行过程中碰到了没有预料到的挫折，才迫使经营者根据实际情况来调整自己的经营策略，进一步完善当初制定的计划，最后形成一份完美的指导方案。反过来说，如果当初不制定计划，那么在行动的时候连最基本的方向都没有，又怎么会取得成功呢？哪怕制定的计划本身是错误的，也能够让我们认识到这一种方法不可取，从而才会去尝试新的方法。

一胜九败的结果虽然看起来不那么辉煌，可是正是因为多次失败，才能让经营者找到更适合自己发展的方向，才会有最后的成功。很多人擅长理论分析，却因为害怕失败而不敢去实践，即便他们明白环境时时刻刻都在发生变化，但自己若不从实践中获得真知，那迟早有一天将被时代抛弃。这样的人一辈子都会活在失败的阴影下，永远看不到成功的曙光。

日本的国内企业在二战后一直处在平稳发展的阶段，因此大多数企业家很难看清楚失败的本质所在。错误地把自己的品牌效应无限放大的企业，永远不会明白"失败就潜伏在身边"的道理。一直苦心维护公司的平稳运营，少了与时俱进地变革公司制度的决心和勇气，长久下去，这样的公司是不会有更美好的未来的。

在柳井正日渐老去的时候，越来越体会到一些老员工对优衣库的发展壮大做出的巨大贡献，因为他们从来不会单纯地对某一件事情大加赞扬。一个严密的组织机构里必须要有批评的声音存在，才能为大家敲响警钟。他曾经把批评的声音比作是一个大漩涡，可以把所有的人都吸纳进来。如果一个组织越来越稳定，那么其离终结也就不远了，最终会被漩涡吸进去；反之，如果一个组织如航船一样始终处在摇摇晃晃的状态，那么就有可能寻找到漩涡的突破口，最终回到平静的洋面上。

这些观念对真正的经商者来说是极为重要的，只是很少有人能够完全地理解。如果能够找到客观性和自主性之间的平衡点，那么你就已经把握住了商业的精髓。

Chapter 4
用这样的原则去管理

品质第一背后的秘诀

盈利是最终目的

告别独裁者

拒绝官僚主义

现场才会有答案

要做 NO.1，沟通是关键

以 100 分为目标去经营

价格是决定成败的关键

"店长最大"原则

品质第一背后的秘诀

每家企业都有其在市场上立足的核心竞争力,在外界人的眼中,优衣库一直以来都是以低价作为其核心的竞争能力。然而单纯地进行价格竞争是不够完整的竞争体系;单纯凭借价格的吸引而走进店铺的永远都不是足够成熟、理智的顾客。优衣库吸引人的标志是便宜,但低价背后有好货的保证。产品的质量永远是一个企业生存之根本。

前面也提到,优衣库在国际化的进程中逐渐把生产线转移到了劳动力成本和材料成本相对较低的东南亚地区,中国更是所有生产计划的重中之重。优衣库服饰低价的秘密和"中国制造"脱不了关系。但是,和其他国外企业同样把生产基地设置在中国不同的是,优衣库始终保持着"对展现商品完成度的强烈坚持"。

一般来说,跨国企业把生产基地设在中国大多考虑的是成本因素。然而柳井正思考的并不仅仅如此，柳井正把优衣库看作自己亲手培养起来的孩子，他要求优衣库贩卖出去的每一件衣服都有足够的质量保证。对每一件成品的质量，柳井正都秉持着决不妥协的态度，不让任何一件残次品进入优衣库的店铺。

柳井正最初决定在中国开设加工厂的时候，也是按照当时跨国公司通用的方式，通过中介寻找到合作委托生产的工厂。但是这样一来工厂生产的产品质量就不能有保证。很长一段时间，优衣库从这些厂家收到的货物中总会有质量低劣的次品。

对于一个企业而言，无论它的产品广告多么漂亮、产品包装多么华丽，如果没有质量，这个企业的生命将会很短暂。顾客消费时最在乎的地方是质量，如果这个诉求得不到满足，顾客放弃这家企业是迟早的事情。质量之于企业犹如健康对人的生命一样重要，质量是企业发展的灵魂和竞争的核心，关系到企业的盈利和发展甚至生死存亡。

痛定思痛后，虽然受限于资金和当时中国的相关政策，柳井正还是坚持想要打破当下的这种模式。当时，受委托的代理人中介掌控了八成的生产权限，而优衣库只有两成在握。因为不肯放松低成本这一目标，柳井正继续坚持在中国寻找优衣库的生产工厂，为了保证产品的质量，还启动了"匠计划"。

所谓"匠计划"，就是将日本国内拥有30年以上工作经验的成衣技术人才，分派到中国的工厂，让这些老师傅们去指导当地的工人进行纺织、染整、缝制、加工、出货等一系列的作业任务。最开始的时候，组成"匠计划"团队的人员只有13人，后来逐渐扩展到40余人。

"匠计划"参加者的平均年龄超过了60岁。在这些技术型员工的指导下，迅销公司在中国设立的工厂员工们的生产技术有了明显长进。

"匠计划"刚刚实行的时候，受到了来自中国国内服装生产厂家的强烈反对。在这些厂家中，不论高层的管理者还是流水线上的员工都想要继续用自己的方式进行生产，拒绝舶来的日本技术。柳井正明白，面对这样的状况，强求只会造成两败俱伤。他嘱托参加"匠计划"的所有人，他们的任务是去教授中国工人新技术，而不是去和对方起冲突。

好在"匠计划"的老师傅们全都满怀热忱，对于生产过程中出现的问题他们全都能够耐心细致地进行解答，没有一点架子。这些老工匠们全都毫无保留地把来自日本的纺织技术传授给了中国的生产工人，"匠计划"由此真正起到了一定的成效。在所有工人全都掌握了最好的生产技术后，优衣库在中国生产的服装完全有了质量上的保证，令人意外的是生产进度也比原先加快不少。

"匠计划"的成效一是提高了中国工人的生产技术，二是最大限度地发挥了日本国内退休技术工人的余热，让他们感觉到自己对这个社会还有价值可言。在"匠计划"完全贯彻实施后，一些国际大企业也开始向迅销公司的中国生产厂家下订单了，柳井正在无意间走出了一条"技术输出"的新路。

当然，"匠计划"不只是中国工厂的"专利"，东南亚地区其他设有优衣库生产基地的国家中也都实施了"匠计划"，"匠计划"中的工作人员每个星期都会到各个工厂进行质量检测，以确保当地工厂生产的服装质量，绝不让一件残次品装进运往优衣库的箱子中。

当然，不论何时，柳井正和优衣库从来没有放弃过价格战争这一块阵地，但显然价格战争并不是优衣库制胜的唯一法宝。产品和质量是拉拢回头客的有力武器，附加在产品质量上的软服务是优衣库对每一个顾客负责任的态度的体现。凭借这些附加的价值打动顾客，才是优衣库走出价格战后能够在日趋残酷的国际化市场竞争中取胜的关键。

盈利是最终目的

从古至今，降低成本、提高利润几乎是每一个企业经营者的追求。做生意虽然不能唯利是图，却也不能视利润不见。利润是企业生存的先决条件，是企业持续经营的资本。

一家企业想要发展壮大，首要条件是先生存下来，这就意味着就算不能实现利润最大化，也要做到不能亏本经营。优衣库向来以低价闻名于世，而低价往往代表着利润低下，甚至没有利润。但如果真是这样，优衣库就无法走到今天。

这也是很多人好奇的地方，为什么一个只有5000亿日元（约合人民币308亿元）营业额的服装卖场却能够净赚700亿日元（约合人民币43亿元）呢？尤其是在经济危机的影响下，优衣库的年销售额虽然缩减到了4000亿日元（约合人民币246亿元），但却依旧拥有高达500亿日元（约合人民币31亿元）的利润。换做其他公司，如果营业收入跌幅达到20%以上就几乎等于零利润了。但是优衣库却能够做到，在如此低廉的商品价格下，依旧保持一定的利润空间。这得归功于柳井正对成本的严格控制。

松下幸之助曾经说过："降低30%的成本比降低5%容易。"柳井正十分赞同这句话，降低5%的成本往往是在目前的延长线上采取措施，而要一下子降低30%就必须要从根本上考虑问题，就要殚精竭虑，一切从零开始。因此，优衣库从根本上改变了服装生产的策略，从以前的"多样化生产"变成了"单一产品海量生产"。

在委托生产厂家的时候，优衣库会尽量减少厂家制造的商品的种类，坚持把订单始终锁定在单一商品的合作方式。不过，生产厂家完全不用为仅生产一种商品担心。优衣库的每一次订单量都是以万来计数的，有时单笔订单甚至可以达到数十万件。因此，那些接受优衣库委托的厂家只要付出单一且简单的劳动就能收到足够的报酬。

在优衣库和生产厂家合作的过程中，单一商品海量生产的方式造成了规模经济的效应。生产厂家不需要投入太高的技术和太多的人力资源，就可以在工业流水线上按时完成合同上的要求，这种加工方式完全是一件省力且十分讨好的事情。借此方式，优衣库也在和众多大品牌的竞争中提高了自己的竞争力，也才有可能从一片乱战中突围出来。

单一商品海量生产的优势还体现在购买原材料的成本上，因为是同一款式的衣服大批量生产，所以短时间内会需求大量的同款面料。

在采购上，优衣库设有专门的"素材企划团队"，凭借优衣库独有的规模经济优势惊人的需求量，供货商如果能够和优衣库达成原材料供应协议，也是一笔非常可观的数字。优衣库的素材企划团队正是掌握了这一主导权，才能和具有全球视野的纺织品制造商们直接交涉原材料的采购事宜。因为是批量购进，优衣库往往可以用最低廉的价格购进最好的棉麻纺织品，这让优衣库可以有更多的资金来进行新款服饰的研发工作，并且把已经投入生产的服装价格也尽量设定在最低值。

在优衣库的实体店里可以鲜明地看到其招牌服装摇粒绒夹克衫的标价是1900日元，据优衣库的销售人员透露，虽然定价如此低，他们依旧可以每件赚到380日元的利润。而同样的夹克衫在其他商场里标价4000日元却只能够收到80日元的利润。

有些成功是无法复制的。优衣库在大力推行"单一商品海量生产"的战略时还有一个不为人知的秘密，他们每一次进购产品采用的都是完全买进的方式。"完全买进"的概念是指企业一次把所有的产品全部购买掉，不给自己留下退换货的空间。这样做需要承担极大的风险，一旦产品出现滞销就会连成本都赔进去。因为是完全买进，所以企业自己要承担起所有的风险。正是因为这一模式所要承受的风险过大，才没有太多的企业敢于迈出这一步。

但柳井正却从完全买进方式的背后看到了另一个商机。他认为，既然采用完全买进的方式需要承担大量风险，那么自己就掌握了和生产厂家讨价还价的主动权。毕竟，当企业把对方的产品完全买进并且承诺绝对不会退换货的时候，这对生产厂家来说是求之不得的事情。

当优衣库用大幅杀价的策略买进服装之时，就意味着其可以比同类型的企业花更少的钱买到同样的服装，因此也就理所当然地可以用更低的销售价格换来更高的利润回报。

在这种模式下，只要能够保证产品的质量，优衣库就不用担心销售量的问题。如今优衣库每个单季会推出350~400款新产品，和其他休闲品牌相比，这一数字虽不能称得上惊艳，但优衣库是用几分之一于他人的新款数量换来了几倍于别人的销售量。

拥有如此喜人之势，完全得益于优衣库大力推行的"单一商品海量生产战略"。这种战略不仅给优衣库带来了成本上的优势，更避免了热销造成的断货风险。柳井正在谈到自己这一经营方式的时候说："以单一商品质量的提升和大量生产销售作为基础，达成从商品企划、生产、物流到销售这一连串体系的精致化，优衣库确实地完成了基础准备。"

德鲁克认为盈利不是宗旨，但盈利是商业企业及经营活动的限制因素；利润不是企业行为和企业决策的原因或理由，而是其有效性的检验标准。利润要通过企业目标的实现来获取，如果一家企业的盈利能力无法满足关键目标的要求，那么这家企业就是在勉强支撑或是已经岌岌可危了。

告别独裁者

企业在不同的发展阶段要有不同的管理方式。处于起步阶段的企业，部门少，员工少，没有健全的体制和流程，这个时候企业的大小决策只能依靠领导一个人做决定。当企业步入发展阶段，规模逐渐变大，各部门和工作人员增多，管理层增加，这个时候就不能仅凭领导一个人做决策了。

起初，柳井正并不认同这种观点。1991年柳井正确立了一年要开30家新店铺的目标，如果无法实现这个目标优衣库将面临倒闭的危险。为此，柳井正招来专门的培训顾问给员工进行培训。

课上，培训顾问讲到自上而下的管理模式是行不通的，这样只会让员工按照上司的指令去做，而完全失去了自主性。真正具有活力的公司应该是每一个员工都具有独立思考和判断的能力。听到这里，柳井正反对道："我并不是那样认为的。"为此还与培训顾问发生了小小的争执。

但是随着优衣库发展的日益壮大，尤其是在经历过多次失败之后，柳井正终于改变了当初的观点。在独裁经营时期他会选择雇用执行能力强的人作为自己的员工，因为这样能百分百执行他的指令。但渐渐地他发现，这样的员工只会听命令行事，一旦命令不到位，紧随而至的就是工作无法进行下去。可此时优衣库的规模已经发展到柳井正一个人无法兼顾所有环节的地步了，他不得不放弃了雇用一名执行能力强的人来当整个企业的经营决策者的想法。

从一个公司发展的历程来看，初期也许需要这样的"手足"去帮助自己做事情，但是等公司发展到了一定阶段，就不能单单听凭某一个人的决策，而是要依靠严密的组织形式去运转整个公司，这时就更加需要具有"头脑"的经营者了。站在执行者的角度去考虑，他们可能也希望自己能够有更多机会去施展才能，而不是完全做一个没有头脑的执行者，只有这样他们才能向着更高的决策者一步步晋升而去。

此时看着逐渐壮大的公司规模，已经过了创业初期的柳井正终于明白了当初培训讲师提到的经营理念。如果他一味坚持独裁，那么等待他的将是走下坡路的优衣库。因为这种"自上而下"的管理模式中间环节太多，最终会导致流程过长，行动缓慢。而且，下级会逐渐在唯命是从中失去自主性，这对零售型的企业而言足以致命。

这期间发生了一件事，让柳井正痛下了改变的决心。那是一个风雨交加的晚上，一位母亲来到优衣库的店里中，表示想要借用电话打给生病的儿子。可优衣库当时的规定是，除了公司内部人士，任何人不得用电话办理私人业务。店长感到十分为难，他很想帮助这位母亲，但又不能违背公司的规章制度。当店长将这一情况反馈给上级领导，再由上级领导一层一层上报，最终得到柳井正的同意，指令再下达下来后已经是第二天了。这样的速度，怎么能适应日新月异的市场呢？

当企业发展到一定的阶段，外界的变化和竞争对手已经很难对企业作出致命的影响了，能够让企业倒闭的问题往往是由内部产生的，也就是企业的管理问题。"创业容易守业难"指的就是这个道理。如果把企业比作一个木桶，那企业中的每一个人员就是组成木桶的一块块木板，这个木桶能够装多少水不是取决于最高的那块木板，而是取决于最低的那一块。只有将企业打造为每一块都能独当一面的铁桶，每一个员工都将自己的命运和企业紧紧联系在一起时，企业才能成为一个无坚不摧的团队，将集体的力量发挥到极致。

首先作出改变的地方就是每周的例会。以往的例会上都是大家听柳井正发言，然后根据他的指示去做事。意识到这样的方式已经不可取后，柳井正开始鼓励大家在会议上畅所欲言。当没有人主动发言的时候柳井正总会严肃地说："好吧，如果你没有什么意见可以发表，那么下次就不要来参加会议了。"

渐渐地，在柳井正主持召开的会议上，大家都成了踊跃的发言者，而且不用担心受到惩罚。如果没有看法可以抒发，那情况可就不妙了。有时候柳井正提出的想法如果不被认同，也有员工毫不留情地指出来。每每遇到这种情况，柳井正的第一反应不是尴尬与难堪，而是感激并全盘接受。

另外，为了让大家不拘泥于形式，柳井正开会的形式也很随意，任何地点都可以成为其解决问题的场所。因为要求各个店铺的经理完全有自己的主张，所以柳井正不喜欢那种照搬会议精神的人，他认为经理只要领略了会议的主旨就可以了，没有必要逐字逐句地记录会议的内容。很多大公司最后都败在了重视表面和形式之上，所以柳井正鼓励所有人畅所欲言。只有这样，才能够让每一个人产生和公司命运休戚相关的信念。因此，经营中出现的问题总是能够随时随地得到及时解决。这种随机应变的态度深深影响了公司里面每一个人，也逐渐渗入到优衣库的企业文化中。

优衣库的成功证明，零售业的革新是必行的，传统的经营模式已经没有了更好的出路，只有打破传统观念，把经营者自己的公司变成大家的公司，让每一个人都有发言的权利，让公司的发展和员工个人的幸福相结合，才能够促进公司的发展。为了实现这样的目标，不管是以前的还是现在的优衣库，每天都在进步着。

拒绝官僚主义

管理一家民营企业，最怕的就是企业内部出现官僚主义，但这几乎又是中等以上规模的企业无法摆脱的魔咒。官僚主义的实质是管理者高高在上，不顾客观实际情况，主观臆断，最终造成决策与实际不符，令组织纪律涣散，人心不齐。这对企业的不良影响不言而喻。

2011年日本东北部海域发生里氏9.0级地震并引发了海啸，造成重大人员伤亡和财产损失。灾难后一些临时避难所里缺乏食品、供热、药品等，完全依赖志愿者提供部分日常服务。人们都在水深火热中期盼政府救助的援手，但很奇怪，有组织性的官方救助在灾难过去了整整12天后都没有出现。依照经验，某一国家遭遇严重自然灾害4天后，本国和世界各地的救灾物资就会陆续抵达。但在以效率著称、基础设施完善的日本，不少震后数小时内捐赠的国际援助物资仍储存在首都东京的仓库中。

是日本政府不在乎民众的死活吗？不是，问题就出在日本的"官僚政治"传统上，"繁文缛节"太多，导致救灾进程被拖延。

日本著名船运企业NYK公司一度提出想派遣船舶帮助运送直升机前往沿海灾区，发放物资。但提议遭政府拒绝，原因是这家企业没有从事这类作业的执照；更有一些外国医生志愿前往灾区却因没有日本行医执照，只能在"最小和必要范围"内医治灾民；不少国外捐赠的药品难以发放，原因是这些药品来不及通过日本监管部门认证。所有事情都需经过政府或相应部门批准，而他们反应迟缓，难以跟上救灾（物资）流动的步伐，造成了救灾不力现象的出现。

再看看那些无须政府相关部门批准审核的团体或个人，他们在救灾的过程中反而比政府及时得多。一名叫田中荣之的理发师因为其职业不需要相关部门予以证明，所以能够在灾难发生后的第一时间出现在灾难现场，举着"免费理发"的牌子为灾民提供服务。

虽然这件发生在地震中的事件与企业经营之间毫无关联，但政府的官僚制与企业的官僚制性质相同，都严重制约着一个健康机体的新陈代谢。柳井正认为，官僚风气各国普遍，在日本似乎更甚，可能多与已有2000多年历史的天皇制有关。大多数日本企业中都会出现这样的情况，随着企业经营规模的壮大，管理层逐渐增多，每个部门各自形成一个"孤岛"，每座"小岛"还专门配备管理和监督的科长专用席。他们从不亲临现场，只根据个别人员的工作汇报进行管理工作。

　　长此以往，管理层对市场的把握和反应能力都会下降，服务顾客的意识也会变得淡薄。但一旦有谁想要动摇他们所在的位置，他们就会极力进行维护。因为在这样的环境里待久了，习惯发号施令的人也就是上司和管理人员就会觉得组织这个存在非常天经地义。由此成为企业发展过程中的一颗毒瘤，如此这般，想要进行改革就会变得异常困难。

　　但组织本来就是应该随着环境改变而灵活机动的活性组织，不是一成不变的。柳井正认为，对经营者来说，不是先有组织才有工作的，而是因为工作的需要，是为了能够更高效、有机、顺利地推进工作才建立组织。所有的工作都是为了顾客才存在，对顾客不起作用的工作根本就不应该存在。

　　2009年日本丰田汽车出现了严重的质量问题，一时间闹得沸沸扬扬。当大家的关注点都在汽车的质量问题上时，柳井正却一眼看出了症结所在。质量只是表面问题，引发质量问题的根源是丰田公司在急速扩张过程中暴露出来的管理问题和官僚制问题。出现这种危机，公司的最高经营者应该在第一时间站出来向消费者解释，以得到消费者的谅解。

但是因为信息没有及时传达给决策层，导致丰田公司错失了最好的公关时机，直到事情严重到不可收拾的境地时丰田公司最高层才反应过来，但为时已晚。虽然服装与汽车是完全不相干的两个行业，但是日本企业在迅速成长的同时都伴有机构臃肿、官僚气息滋生、管理效率下降等倾向和风险。为了避免优衣库深陷官僚主义中，柳井正的解决方式是加强人才的培养。

人才培养和企业急速成长就像一辆车的两个轮子，缺一不可。如果只顾着培养人才，那么企业就会停滞不前；如果只顾着企业向前发展，那么就会出现人才断层，导致管理岗位后继无人，使官僚主义滋生。

如何在企业高速成长中培养出经营人才就是优衣库所要面对的问题，特别是在第一线——每家店铺的店长、总部的每个职员，如何使他们拥有企业经营者的思维应对日常工作，是柳井正需要解决的难题。

为此，柳井正摒弃了日本传统的选拔人才之道，不再论资排辈，只要是有真才实学的人，不管他是刚毕业的大学生，还是已经在其他行业摸爬滚打多年的过来人，不管是日本本土的优秀人才，还是其他国家的人，都会得到柳井正的重用。这样一来，没有人敢在优衣库中进行官僚做派，因为一旦管理层无法令下属信服，立刻就会有顶替者上台。

很多大型公司现在可能只差一步就会形成官僚制管理体制，退化成为管理层级繁复、决策速度缓慢的企业。而优衣库很幸运，至少至今为止还没有受到官僚主义的毒害。

现场才会有答案

如今，世界经济风云变化、错综复杂却又互相影响，在这样的经济环境中生存，公司的战略、战术必须迅速、大胆，同时不断把控、结合市场现状，以适应不断变化的市场脉搏。意识到这一点并且做到这一点，相当不易。经营者不仅要具备长远的战略眼光，还要身体力行到销售现场去实地调研、分析，在作出工作榜样的同时明确工作发展目标，预测未来发展趋势。

回顾优衣库的发展历史，最开始并没有建立起人事评价制度，那时的柳井正刚刚进入父亲的西装店。只是后来大多数人选择了离开，想要公司存活下来，柳井正必须得完完全全靠自己的努力。后来，当优衣库进入快速发展的时期时，公司需要雇用更多的人来帮忙了，柳井正就把更多的时间花在了如何去想出更好的经营之道上，把自己的想法传达给公司的员工，授意他们如何才能更好地实现自己的想法。

当公司组织进入连锁经营的时代后，再次开新店就需要对店长和店员进行专业培训，以强化店铺经营理念和商品采购等方面的知识。如果将运营和店铺销售区分开的话，那么柳井正的身份就相当于管理者或负责人了。起初新公司的人手不足，柳井正的管理范围很广——从财务、人手、信息到各种杂务，都要亲自处理。这个过程很辛苦，但也是柳井正的个人能力飞速成长的一个时期。正是在这个阶段柳井正充分地体会到了，一个人想要成为真正的经营者，必须亲自到工作现场去寻找公司发展的答案，而不是仅凭下属的汇报。

正如稻盛和夫说："创业以来，我所做的不过就是无时无刻不在贯彻和执行这种'现场'的经营哲学和经营管理体系。"回归管理后的柳井正面对更加复杂的经济环境，逐渐梳理公司管理症结，并快速明晰答案。他对优衣库现存管理隐患看得愈发清楚，因此对管理层的要求也愈发明确。

公司现在出现状况如何处理？一年后、五年后的公司发展态势如何？这些重要问题涉及优衣库的生死存亡，是需要经营者负全部责任而进行的工作。每时每刻，经营者都要对各个方案作出选择，并对这一选择予以实际上的监督、推进，每个经营者要做的都是这样的实际问题，而不是所有问题都进行集体讨论，那样的话优衣库不会成长，经营者个人也不会成长。在柳井正看来，从来没听说过企业脱离经营者可以自行成长的，也没听说过飞速发展的企业中，经营者除了当好指挥官从来不做其他事务的。

进一步说，在企业发展的过程中最重要的不是与谁为敌，而是经营者知晓自己的方向是否明确。因此，在2006年柳井正又提出了"现场、现物、现实"的概念，他希望优衣库的全体员工能够和自己一起重新回到"经营的起点"，以店铺的服务为最高标准，为优衣库能够在世界的舞台上崭露头角打下坚实的基础。

　　柳井正本人作出表率，经常到各个店铺实地视察工作。他发现花一些时间去观察其中的某个店铺就能知道该店铺的主要顾客群的年龄分布，知道顾客最后是否试穿了衣服、是否实际购买等信息。通过观察现场，经营者可以不断激发自己的灵感，比如对某个店铺生意兴隆或是惨淡的内在原因提出假设并进行分析论证等。这些问题点，是不可能从传统统计数据中发现答案的。

　　具体来讲，决定店铺营业额的关键要素有：路过的人走进店里的"进店率"、走近商品陈列架观察商品的"靠近率"、实际接触商品的"接触率"、挑选商品并试穿的"试穿率"（服装以外的商品就没有"试穿率"指标）、实际购买所试穿商品的"购买率"等。在作具体的店铺经营分析中，假设路过店铺外面的人为100的话，其中百分之多少的人会走进店里，这些人当中百分之多少的人会走进柜台看商品……如果不知道这些具体数字，即便想提高业绩也不知如何制定对策并加以改善。如果进店率偏低，那可能是店铺的知名度低或品牌形象有问题，也或许是窗户或橱窗的设计效果不好所致；进店率高但靠近率相对低，可能是商品陈列有问题；靠近率高但接触率低，可能是商品概念设计有问题；接触率高但试穿率低，可能是商品的价格设定有问题等，以此类推。

　　经营者在用自己的眼睛观察现场并从中发现问题的过程中，可以不断培养和锻炼现场观察力。对于那些只重视统计资料、搞纸上谈兵的企业经营者来说，因为不考虑现场，他们根本不会做自我反省，不会从自己的角度寻找根源。

对一个企业来说，经营指标确实是很重要，但它不应该成为企业的负担。重要的是要亲临现场，在现场和消费者直接接触并从中获取目前消费市场中正发生什么、消费者的消费习惯都有哪些变化等一手信息，从而得到源源不断的灵感和启发。如果企业经营者平常多关注终端消费市场的现状或消费者的最新动向，不断提高现场观察力和洞察力，紧跟潮流的方向、推进优衣库不断前进就是顺其自然的事情。

柳井正强调，经营者的作用是判断公司目前应该朝哪个方向走，并身体力行地带领大家朝哪个方向奔。优衣库公司的执行董事应是一个实实在在的经营者，只着眼于自己的领域如财务、法律等，而没有一个作为经营者该有的思维，是错误的。如果只具备一般常识和根据教科书上的一些知识来判断，这样的人，至少在优衣库不可能成为出类拔萃的经营者。

要做NO.1，沟通是关键

中国有句老话："不与之言，与之言，失言；可与之言，不与之言，失人。"意思是说，有些话不应该与他人讲，却讲给了他们，是失言；可有些话需要与他人讲却不讲，就会失去这些人的人心。这句话用在企业管理中，很好地说明了沟通的重要性。

沟通，是一种重要的管理方式。在每一项管理工作中，相互沟通都是必不可少的。沟通是企业的生命线，管理的过程也是沟通的过程。有调查证明，企业中有64%的员工对领导所说的话采取不信任的态度，还有55%的员工认为自己每天收到的来自上级的信息无关紧要。如果员工认为领导是"骗子"，怎么能指望员工为领导尽心尽力地工作？如果员工认为领导提供的咨询不切实际，怎么能够令员工为企业真心实意地付出呢？

管理中出现沟通不良问题的原因主要有两点：一是管理者和员工之间的沟通障碍；二是从员工到管理者之间的沟通障碍。管理者通常会"自信"地认为一切都在自己的掌控之中，认为员工会无条件听从自己的命令。这完全是权力观念在作祟，沟通不仅仅是工作指令的传达，更加需要沟通的是企业文化、员工的工作价值和思想感情。

相对于员工能够为公司带来多少的效益，柳井正更加在意的是如何促进企业高层管理者和基层销售人员之间的交流。即便拥有再优秀的管理者和员工，但如果他们之间失去了沟通的桥梁，就无法做到信息的有效交流。决策者失去了来自基层的各种信息，就可能会出现细微决策上的失误，从而可能引起优衣库全球范围的"大地震"。在明确了沟通的重要性后，要解决的一点就是寻求彼此之间沟通的桥梁。

每年的年底，柳井正都会在自己家的电脑桌旁静心地思考未来一年各项工作的推进办法，经过深思熟虑之后总结出一份年度方针，然后通过电子邮件发给迅销公司中的每一个员工。全世界10个开展业务的国家和地区的店员及后台工作人员都能够同时收到柳井正的这封邮件，及时了解到老板在未来的一年中，对公司的发展作出了怎样的规划。

也许，公司未来的发展并不一定需要每个员工都清晰，甚至有时员工并不能理解决策者作出的决定。但是柳井正认为此举非常有必要，公司未来的发展并不是老板一个人说了算，而是和所有的员工息息相关的，同时此举也能表明柳井正对每一个员工的重视程度。员工们希望被关注，一旦觉得自己不受重视他们就会毅然离去，这不是高薪能够挽留的事情。领导者只有把自己放在与员工同等的位置上，开诚布公、推心置腹地与员工进行交流，才能让员工觉得自己得到了公正的对待，觉得老板时时在关注着自己，工作起来才会更加用心。

当管理者能够重视起沟通时，员工自然也不会将沟通视为可有可无的行为。在优衣库，几乎每位店长在每天下班前都会主动和总公司进行邮件往来，主要内容是把当天在销售现场收集到的有关消费者的购物信息和消费反映传递到公司总部。尽管他们知道总公司虽然不用关心每一家店铺当天的销售数量，也不会去决定一些看起来鸡毛蒜皮的小事，但有一点是他们必须要时刻关心的，那就是消费者的需求。

消费者的需求恰恰只有和消费者亲身接触的奋战在第一线的员工才能了解到；但负责售卖服装和为消费者提供服务的员工却并不一定能够站在一定的高度决定公司的运营方向。因而，想要让优衣库长远发展，离不开第一线的员工，员工也离不开公司的决策，彼此之间需要有一座沟通的桥梁。这样的邮件交流就担负起了上下级之间上传下达的重要使命。

在现代企业里，管理不仅是控制，更重要的是沟通，沟通是对控制的超越，只有良好的沟通才能促使企业员工自觉展开自己的本职工作，并从内心深处确认自己工作的真实价值，从而实现不需要控制的自我管理，达到管理的最高境界。

不论是对优衣库的员工还是对想要进军国际市场的迅销公司来说，想要成为NO.1，最关键的一点是彼此间的沟通问题。只有实现了员工和总部之间无障碍地站在同一个平台上对话，优衣库才能把自己的地盘逐渐向世界范围内扩大，让世界成为自己的主战场。

以100分为目标去经营

优衣库初创阶段只是一个微不足道的零售企业，但是柳井正一心努力服务客户，真正渴望把优衣库的服装销售到全世界，以改善落后的日本服装产业，并改变人们对服装的传统销售理念。这种强烈的使命感和不愿服输的好胜心支撑着柳井正带领优衣库团队一路顽强地拼搏。他发狠地工作，拼命地读书，走在行业的前列，与许许多多优秀的成功人士交往，在交谈中感受刺激和激励，学习如何经营企业。

事业做到今天，柳井正的感受是："一时的成绩并不意味着永久的优秀，只有始终以100分为目标，不断找差距，为才能获得更大的腾飞。因为山外有山，人外有人。只要放宽视野，就会发现还有其他的单位和人比自己更强，值得自己学习。"

柳井正这种对自己精益求精的态度源自父亲刘井等从小对他的严格要求。小时候的柳井正并不是一个优等生，因此经常会受到父亲的批评。在柳井正的印象中，父亲最常对他说的一句话就是："要做第一名，不管是在什么方面，只要给我拿回第一名就行！"那时候的柳井正并不能理解父亲这严厉背后的意义，但是为了不被父亲批评，他只能努力去学习、去进步，最终本是一个中等生的柳井正考上了日本著名的早稻田大学。直到父亲去世以后很长时间柳井正才发现，父亲当年对他的严厉对他的一生有着怎样的积极意义。

在一次与公司检察官安本的聊天中，安本问柳井正："如果给自己的经营成绩打分，会打多少分？"柳井正想了想说："70分吧。"他解释道："我一直以100分满分为努力目标的，但经营也许会永远看不到完美的完成式。但即便如此，必须一直以100分作为目标来展开日常经营活动。"

在柳井正心中，中国的海尔集团在这方面做得就不错。海尔团队中，从领导到员工一直都保持最清醒的头脑。尽管他们已经很优秀了，但是他们总是意识到自己可能和别人、和时代及市场的需求有很大差距，因此总是加强学习，提升自我，争取创造更大的辉煌。

海尔橱柜制造部门的员工们在2005年参加了德国科隆家具博览会。在参观德国的柏丽工厂时他们受到了很大的震撼："如果国内小厂是手工坊，那我们只能是正规工厂，而柏丽则是厨具王国。"曾经在中国国内，最让他们最自豪的莫过于经常听到参观过海尔橱柜制造工厂的客人说："跟海尔的工厂比，其他橱柜商的工厂就是手工作坊，技术实力远赶不上海尔。"但这一次，这种自豪感被驱逐得几乎烟消云散。

整个柏丽工厂就是一个现代机械、电子、计算机工业设备的集成展示厅。工作人员在车间中央控制室里就可以轻松自如地控制整个车间的生产过程，从原料的接收到上道工序的半成品，再到将加工后的半成品、成品运到下道工序，每辆货车发车的时间、需要运送的产品清单、抵达目的地的资料等都一清二楚。

而且，更让海尔人吃惊的是，只要知道了用户的订单号，柏丽相关负责人就可以查出这套产品是正在生产还是包装中，还是已经发货，甚至连发货过程中的具体位置都可以查出来。这种先进管理模式与海尔想推行的"人单合一"的模式极为相似，但没想到在德国早已通过计算机实施了。这次德国之行让海尔人看到了自己与国际公司的差距，并开始将学到的知识实施和运用到实践中去。

还有一次，海尔模具产品部的负责人一直有个困惑不解的问题：海尔在模具技术方面已经做得不错了，但日本做出的模具在精细化程度上却远远超过海尔。为了查清差距到底在哪里产生，负责人专程带队去日本实地考察。

去了之后他们却感到更加困惑，因为日本方在硬件和人员上均不如海尔，差距的产生让人困惑。后来他们终于发现了一个小细节：一位操作工在上一个料件时花了很长时间。问其原因，操作工回答说：

"我发现料件有毫米的误差，于是更换了合格的，就耽误了一些时间。"见他们不解，操作工继续说："别看这一点点小误差，做出来的模具差别就会很大，甚至不合格。工作中是不能有一点马虎的。"

"我觉得海尔人不仅善于从差距中学习，而且善于从问题中学习。"柳井正总结道，但他何尝不是一个不断寻找差距，不断自我寻求突破的经营者呢。柳井正说："在我的周围，有很多值得我敬重的老师，每次都能教导我、帮助我。当我需要提炼想法、作出决断时，他们就会伸出手来帮我。公司内部的各级经营干部和员工都是我的老师，公司外部的独立董事、咨询顾问及知己也都是我的老师。我总觉得自己懂得太少，以虚怀若谷的谦虚和孜孜不倦的旺盛求知欲向书本学习、向周边的老师学习，这是非常必要的心态。还有一点很重要，就是要多倾听别人的意见，能听得进别人的意见。"

实际工作与生活中，柳井正也非常欣赏松下幸之助说过的一句话"集思广益"，也钦佩其本人也那样身体力行。事实上，在我们周围，那些奋战在现场第一线的员工往往最有智慧，经营者如果能集他们的智慧于一身，那就更加接近"100分"了。

价格是决定成败的关键

优衣库的低价销售早已是人尽皆知的秘密，成功运用SPA模式可以保证优衣库一直保持低价策略，还能够保质保量地在店铺中进行销售。然而，柳井正却强调说，价格一直是决定成败的关键。这里柳井正没有提到产品的质量，而是单把价格拿出来证明优衣库服装的畅销性。毕竟，价格是所有消费者在选购服装的时候首要考虑的因素，低价策略正是优衣库能够迅速崛起的秘密之一。

经济学中有一个基本概念是，价值决定价格，而价格是价值的直接反映。柳井正曾经说："只有商品的'本质'才能让人感动。"这里的"本质"指什么？大多数人会理所当然地认为，"本质"必然是指商品的质量。质量好的衣服才会让消费者喜欢。然而以柳井正的观点来看，这样的理解未免太过于片面化。

对任何一个消费者来说，他们关心的应该是自己口袋里的钱能不能够承担起服装的售价。然后才是在自己可以承担的范围去选购相对来说质量最好的衣服。所以说价格永远都是决定成败的关键。只有把握住了价格的因素，坚守销售价格的最底线，才能拉拢更多的消费者。只有这样做，才有机会和消费者再去谈服装质量问题。

　　现代经营学之父彼得·德鲁克曾经针对企业的本质做了如下解释，他说："企业经营的有效定义只有一个，那就是'顾客的创造'。"柳井正非常推崇德鲁克的企业经营理念，在德鲁克思维的指引下，柳井正认为一个企业想卖什么商品、以什么样的方式去销售商品完全取决于顾客的需求。在开店营业前必须先考虑消费者想要的是什么，在这个基础上才能给自己的商品创造出"附加价值"。

　　用简单的话来说，如果经营西装店，就要为顾客提供最有品质的衣服；如果经营蔬菜生鲜超市，就要为顾客提供新鲜安全的食品；如果经营杂志报纸，就要为顾客提供最及时的新闻资讯。这是经营者能够使自己的生意更上一层楼的根本所在。但经营者也永远不能忘记，价格的因素影响着你经营产品的质量的好坏。能够以低价维持高品质商品的经营才真正称得上是"高性价比"的商品。

　　那么，产品的竞争到底在争什么？答案是，产品竞争争的是哪一个商家能够最大限度地满足客户的购买欲望。谁能在这个过程中占到头牌，谁就拥有广泛的客户群体，进而成为"产品之王"。客户的购买欲望很多，但价格低、质量好是永恒不变的主题。购买欲望可以分为两种：一种是价值高，另一种是价格低。也就是说，只有物美且价廉的商品才是顾客心底最根本的需求。

　　因此，顾客购买商品的时候对价格和质量的需求是统一的，"性价比"的概念即是用来衡量顾客需求满意度的最有效的工具。顾客的购买欲望决定了产品竞争的内容，所以如果顾客追求高价值，那么包括优衣库在内的所有企业都会生产出高质量的产品以满足顾客的需求。但同时顾客还对低价格有着明显的需求，能够做到这一点的企业就凤毛麟角了，优衣库从一开始就秉承低价策略此时显得格外珍贵。尽管优衣库最初也曾经经历过质量低劣的低谷时期，但经过所有优衣库人的努力奋斗之后，当对质量的保证已经成为必须，优衣库还能够保持低价，那就绝对是实力的象征。

此时，表面上看优衣库和其他竞争对手打的是价格战，但隐藏在价格战背后的是一家企业的整体实力水平。优衣库品牌的崛起靠的是低价，但优衣库品牌的延续绝不仅仅是因为低价。"价格战"和"价值战"都要打，才是能够成功吸引消费者且保证企业可持续可循环发展的策略。单纯提高商品的质量或者降低商品的价格，必然会带来其他方面的亏损。这背后隐藏的是巨大的产业链条，而绝不仅是价格上几百日元的浮动区间。

"微利时代"是打价格战打出来的，价格战是进入微利时代的阶梯，是企业进步的表现。但即便是微利，也不能放弃产品的质量关，这才是一个成熟企业应该具有的风采。而在打价格战的同时，企业也永不能放弃打"质量战"。因为，价格虽然是决定成败的关键，但质量才是决定企业成败的根本。

"店长最大"原则

一个在优衣库工作了多年的老员工这样评价优衣库："优衣库本身并没有创造出具有独特概念的东西，虽然在优衣库出现过很多畅销的商品，但是我们却一直没有弄明白要做什么样的衣服，只是一直在做'仿制品'。但即便如此，优衣库依旧能够在日本服装零售业傲视群雄，原因就在于柳井正社长对生产管理以及很多细节性的工程举措一直坚持贯彻。"换句话说，优衣库不仅是靠产品取胜，而是靠柳井正的经营管理才在行业中站稳了脚跟。

经营管理是一门学问，把这门学问做好了，就可以以很少的力量来做更多的事情。所以当优衣库进入连锁经营时代时，柳井正就特别注重对店长的培训。柳井正说："对客人最了解的一定是销售现场的员工，而且是站在销售最前线的店长。"店铺对优衣库起决定作用，而店长是对店铺起着巨大影响作用的人。优衣库的成功靠的是在世界范围内大面积撒网，当优衣库的店铺如雨后春笋般大量诞生的时候，面临的最大问题就是地区差异化。因为存在地域差异，不同地区的店铺面临的销售环境可能完全不相同，此时若再单纯地以某一种决策强行实施到所有店铺身上,难免造成水土不服的困境。而将权力下放后,店长们可以根据自身的经营状况,在政策的指引下适时调整经营方略,以达到利益最大化的目标。

一个优秀的店长可以为优衣库带来的效益不可估量。以发生在迅销公司中的实例来说,优衣库店铺的店长经常主动把对未来经营模式的企划案提交到总公司,店长在企划案中总会提到"在我们店里,某类商品希望用这样的陈列方式来贩卖"。店长的意见必定是通过长时间观察得出的和消费者的消费喜好密切相关的各种需求,他们其希望通过企划案的方式来引起总公司的重视并最终得到认可。总公司的决策层在收到企划案后,面对有可能再一次改变优衣库经营模式的提议,柳井正希望所有的员工都能够快速地作出反应。这不是只和公司相关的事情,而是和每一个人的切身利益密不可分的发展规划。决策层越早地作出决定,就能够尽快让一份店长提出的方案投入到实践中去,从而尽快看到效果如何。

传统经营模式下的公司绝对不会采用优衣库倡导的这种自下而上推荐企划方案的经营和管理模式。在他们看来,优衣库的做法无疑显得十分麻烦。当店长费尽心思地拟出一份企划案之后,公司需要组织专门的人来评测这份企划案是否具有可行性。如果真的能够如愿创造出当初预想的结果,是再好不过的结果;但如果这份企划案只能够反映该店铺一家独有的特殊经营状况,那么从召集人手对企划案进行评测再到推广实施,整个过程将浪费巨大的人力和物力。

但柳井正坚持要为消费者提供最好服务的理念,他认为只有店长和店员才最了解消费者，只有他们的企划案才具有切实可靠的基础。哪怕他们提出的企划案并不成功，但至少证明了店长的努力没有白费，优衣库一胜九败的经验就已经可以说明一切问题了。

想要满足消费者的需求，就应该去承担必要的麻烦。总公司不应该等于单纯的决策者，店铺也不是单纯的执行者，二者的角色必须具有互通性。店铺虽然是总公司的决策的执行者，但他们也是决策的最初发起人；决策层是在为优衣库的未来进行企划工作，其更应该根据店长提出的要求和建议进行企划活动，否则便会使优衣库偏离运营的轨道。

但也有一些受传统经营思维束缚的店长认为，优衣库店长好像被父母抛弃的孩子一样，总公司总是对店铺的经营状况漠不关心。柳井正纠正这种想法的时候这样说："人一直待在同一个环境就会失去客观的判断能力，所以站在社长和总公司的角度想就能明白我们一定会给予适当的建议和辅助。"但这些建议究竟起不起作用，重要的还是看店长对总部所提出的建议的分辨能力和执行程度。每家店都可能面临着业绩下滑的可能，但这不应该是店长抱怨的借口。如何经营店铺不是最关键的问题，真正决定一个店长能否成为优秀店长的关键点在于他是不是从顾客的角度出发去考虑自己的经营方式。认为总公司没有提供足够的帮助这样的理由永远站不住脚，因为总公司也需要从顾客的角度去考虑问题，相比之下，店长比总公司的上层领导更占据天时地利的优势。

在优衣库做店长，只考虑服装卖得出去和卖不出去是完全不够的，如果想要在短时间内迅速成长起来，就要考虑顾客买和不买背后更深层次的原因。当然，并不是每个人都能够承担起这样的重任，可见在优衣库，店长的职位远远要比坐在总部办公室的人重要得多。

因此优衣库有一套与众不同的店长管理制度，管理层把每个店铺中需要多少商品数量、商品应该如何陈列、店铺自身的宣传和人事管理费用、促销的时间和内容等权力全部下放给了店长。凡是涉及店铺运营的内容，迅销公司总部从来不会对店长进行过多干涉。也就是说，与该店铺相关的所有事务都必须由店长一个人来全权打理。这样做，在给予了店长充分的权力自由度之后，也给每一位店长的肩上增加了极大的压力。

摆在每一个店长面前的任务都很明晰，尽自己最大的能力实现优衣库业务的上升。不管店长用什么样的营销手段，只要能够促进销售量，就值得嘉奖。在店长评价制度中，随着店铺的业绩和店长本人经营能力的上升，迅销公司会把店长分为几个不同的级别："新上任店长""独当一面店长""S店长"和"SS店长"。在每个不同的阶段，店长所受到的待遇也完全不一样。一位"SS店长"的年薪可以达到1000万日元以上，"SS店长"在权限和薪酬上比总公司的领导还多，但同时也会因此承担起更大的责任。

所谓"SS店长"，其实是"Super Star店长"的简称。成为超级店长并不是轻而易举的事情。优衣库在全球范围内也仅有十多位"SS店长"，这个数字还不到所有店长数量的1%。"SS店长"不是只懂得销售的人，在维持且不断把销售量创新高的基础上，"SS店长"应该站在消费者的角度去严格考查店铺的不足之处。

为了刺激店长们的热情，1999年刚刚开始执行"SS店长"策略的优衣库决定在年终奖上大做文章。当评选出的"SS店长"和普通店长在年薪上有了十分明显的反差时，大家才真正意识到公司对"SS店长"的重视。为了丰厚的薪金，同时也为了能够在经营过程中拥有更多的自主权，而不是让自己看起来像是一只提线木偶一样做一个傀儡，越来越多的店长希望自己有一天能够成长为"SS店长"。

Chapter 5
人人都是经营者

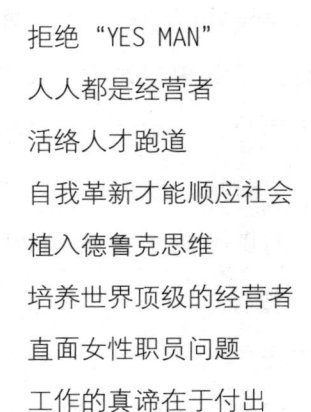

拒绝"YES MAN"

人人都是经营者

活络人才跑道

自我革新才能顺应社会

植入德鲁克思维

培养世界顶级的经营者

直面女性职员问题

工作的真谛在于付出

拒绝"YES MAN"

　　德鲁克曾经在他的管理著作中提到："每个知识工作者都必须把自己当成企业家来行动。在以知识为中心的现代社会，（单纯的）广告经营者是无法获得成功的。"柳井正一直以来都十分推崇德鲁克的经营哲学，看到这句话的时候，他也在思考如何让优衣库企业里的知识工作者真正能把自己的身份转变成公司的经营者，而不是单纯地认为自己是优衣库雇佣的"奴仆"。

　　上述理念是德鲁克在1959年提出的，当时他就已经意识到现代社会必然会进入一个以知识为中心的阶段，所有掌握了知识力量的人必须用自己的能力支撑起整个公司的运营。这些掌握了专业知识的人被德鲁克称之为"知识工作者"。德鲁克坚持认为，只有掌握了专业技术和知识并且能够自主地高效率完成工作，这样的人才是一家企业真正需要的员工。"知识工作者知道，只有在组织中工作，才能获得薪资和成长机会；因为组织往往会有巨额的投资，才能让自己得到工作；与此同时，组织也得依赖自己。"德鲁克把知识工作者和企业的命运连在了一起。当这样的概念放在以情报搜集和处理为重要导向标的优衣库中时，知识工作者的角色显得更加重要。

因此，柳井正期望的工作方式是每一个优衣库员工都能够成为高效率的知识工作者，在处理优衣库和顾客关系层面上可以做到完全自主且可信任。日本传统的经营模式依旧摆脱不了具有主仆关系的阶层，大家普遍认为只有公司的最高管理者才是具有最终决定权的人，这样的经营方式不可避免地会让包括优衣库在内的迅速崛起的现代企业重新陷入陈旧的经营模式中。对柳井正来说，他根本不可能亲自去搜集来自消费者的各种信息反馈，优衣库想要长久地存在并且发展下去，唯一的方法就是加强员工的自主性，让每一个员工拒绝成为"YES MAN"（即只会点头称是，不提反对意见的人）。

对于德鲁克提出的"知识工作者"的概念，柳井正表示深深的认同。他说，如果优衣库的员工只知道一味遵从自己这个社长的命令，那么优衣库一定会面临重大的失败。一个成功的现代企业需要的不仅是最高管理者的高瞻远瞩，更需要每一个员工的独立思考。这样一来，当管理者在某些问题上犯错的时候，员工就能够及时给予批评和指正。"YES MAN"只会让掌握了技术和知识的员工变成另一个只懂得唯命是从的执行者，却永远都成不了一个真正的经营者。

因此，想要做好一个知识工作者并不容易。单纯拥有知识的人只会把自己所掌握的知识机械地应用在工作之中，却不懂得如何才能更好地、也更加简便地发挥知识的附加价值。不会工作的人只明白如何完成自己的工作任务；懂得工作的人思考的却是如何使自己的工作成绩最优化。在优衣库，德鲁克提到的"知识工作者"不再是坐在办公室为公司的未来发展方向作出决策的人，而是每一个和顾客有着最近距离接触的店员。柳井正对德鲁克的思维进行了"优衣库化"，以便让每一个优衣库的员工都能够明白，自己和优衣库其实是一个整体，是密不可分的、唇亡齿寒的相互依存关系。

如果非要给优衣库的员工作出等级划分的话，柳井正认为各个分店的店长是工作的重中之重。优衣库店铺数量众多且分布范围广泛，要想了解到该地区消费者的消费喜好和消费潜力，需要每一家店的店长能够对自己所服务的范围作出精准分析。店长的责任不仅仅是维持店铺的正常运营，更要考虑到如何去抓住消费者的眼球，以及研究并预测究竟开发出什么样的新款服装才能卖得更好。店长还要具备相应的判断能力，以便迅销公司总部可以根据店长汇报的情况及时向生产厂家增加或者缩减订单的数量。

身为优衣库的店长，必须要有同公司生死与共的理念。从细心的市场调查到新款商品的企划和贩卖，店长都需要提出自己与众不同的见解，才能使其为企业带来更多的发展机遇，这同时也是给他们自己创造成长的条件。这就是为什么在优衣库，店长一直被看成最重要的员工的原因所在。

柳井正以德鲁克提出的"知识工作者"的概念为基础，重新提出一个新概念，叫作"公务员意识"。这也是当下日本企业内风行的一种工作作风。具备"公务员意识"的员工，一来因为年龄偏大不再有创新性的精力和想法，二来年轻的员工又常常片面关注于物质上的享受，不愿意通过努力进取和奋斗去追求希望和梦想。因此，"公务员意识"和"YES MAN"成为现代日本企业想要大力前进的最大障碍。

柳井正说，拥有"公务员意识"的人整天都在等待着别人给自己下命令才会有工作的驱动力。但这始终是被动的工作方式，面对日益激烈的市场竞争，尤其是随着优衣库全球化的脚步越来越快，这样的员工只有被淘汰的命运。因此，拒绝做"YES MAN"，才是让公司和个人都有更好未来的唯一出路。

人人都是经营者

柳井正希望优衣库的所有员工都能够保持着自己独特的经营理念，即便这个理念不一定和优衣库的经营理念完全重合，但最起码可以保证员工的独立思考性。员工从来不仅仅是企业的追随者，每一个员工都可以是企业的领导者，然而最关键的问题是从来没有人敢于站在领导者的位置去思考。对于自己的工作，员工必须充当起领导自己的角色，毕竟在自己熟悉的领域，只有自己说了算。

在传统的经营模式和经营理念下，员工们通常会考虑一家企业的福利怎么样，自己在这家企业工作会不会有更为长远的发展。柳井正却根据德鲁克思维提出了一个全新的概念，他说企业经营者的唯一目标就是让企业能够赚到钱，只有企业成长了，经营者才能够分出更多的精力去为自己的员工谋福利。但企业的成长绝对不只是顶端决策层的功劳，许多看不见的付出其实都是靠企业背后员工们的默默辛劳，如果企业不能够盈利赚钱、达不成既定的目标任务，企业就不会有未来，如此一来在该企业工作的任何一个普通员工都会受到影响。

因此，在经济日益全球化的当下，优衣库面临的是来自于全球范围的挑战，当然相应地也充满了机遇。但经济不景气是必须要接受的现状，在如此萎靡的状态中，零售业必然是受到打击最大的行业。所以，为了优衣库能够持续发展，也为了每一位员工都能够从优衣库的发展中得到切实的利益，柳井正美好的愿景是每一位优衣库的员工都能问问自己到底为公司做了什么，而不是只想着公司为自己做了什么。

柳井正把这一经营概念称之为"全员经营"。他认为，"全员经营"意味着公司里面的任何一个员工都要对经营这家公司保持着浓厚的兴趣，每个人都应该在如何把公司做得更好这件事情上相互交流各自的意见。只有集合群众的智慧，才能准确找到优衣库未来发展的方向。换个角度考虑，"全员经营"的概念就是指，每一个员工要改变既往的完全听从于上级主管指令的工作方式，在面对问题的时候要学会主动去寻求解决问题的方法。靠自己的思考来行动，这才是"全员经营"最主旨的内容。这一点在优衣库的明星店长们身上得到了很好的证明。

每一季度优衣库收到的销售数据都证明了大型店铺强大的吸金能力。以世田谷区一家营业面积达到1000坪（约为3330平方米）的超大型店铺为例，这家店铺的营业面积达到了标准店铺的7.5倍，在这里上班的优衣库员工也多达100人。优衣库的内部资料显示，前来这里购物的每一位消费者在店铺中停留的时间和消费的单价都比普通店铺高两倍以上。也就是说，同样的商品放在这里会比其他店铺多实现两倍的销量。因此，不论是经营质量还是产品销量，世田谷区超大型店都是优衣库在全日本表现最优秀的店面之一。

该店的店长叫前田。能够在如此重要的店面里担任店长的职位，前田的脸上洋溢着骄傲且自豪的表情。他说起话来的口吻几乎和柳井正一模一样，他说："能够成为'SS店长'，对我来说就不单是管理好一家店这么简单。身为优衣库日本最重要的店铺店长，我要尽自己最大的努力为公司作出更加实际的贡献。只有通过我们的付出产生更大的附加值，这样的店长才能够被称为优秀店长。"

当被问到如何经营这家店铺时，前田说，这个店面的地理位置选得很好，因为处于国道周边的住宅区，所以在店铺可以辐射到的范围内有更多的潜在消费者居住。面对这样的情况，前田和店里的其他员工经深思熟虑后得出结论，想要让店铺盈利就应该发动积极攻势，把目标受众锁定在家庭客源上，然后采用相应的对策，如改变物品的陈设方式、拓展新品种等，来满足家庭妇女和退休在家的老人及小孩子的不同消费需求。最根本的一句话就是，永远要以客户为中心。

提到商品的陈设时，前田说自己管理的店铺虽然属于超大型的店面，但还是要求员工们尽量做到不浪费任何一寸的空间。前田把所有的多余空间都用来放置广告模特和大型海报。在1000坪的空间中，除了摆设基本的商品和留出足够的人行通道之外，前田在其余空间中放置了150件道具模特来展示优衣库的新品服装。因为优衣库在每个季节都会推出新款服装，为了和其他店面区分开来，前田决定随着季节的变化和新款服装的上市，要在自家店面中以完全独创的方式把新品的广告打出来。为此，他在尽量完成自己的设计方案后还聘请了专门的视觉设计师，在总公司的指示下，通过对比其竞争对手的陈列方式，把自己独有的想法加进去，使世田谷区超大型店呈现出一派完全不同的陈列方式。

消费者一走进前田的店铺，第一感觉就是这里与众不同，令人耳目一新。独特的设计方式成为吸引消费者的最有力手段。同时，正是因为消费者在店内有着挑不完的新款服装，并且每一个细微之处都能收到一份惊喜和优衣库最贴心的服务，消费者自然会因此产生购物的欲望。前田总结说，一切胜利的开始都源自于优衣库能够做出完全符合消费者需求的设计方案。只有把他们吸引进店铺之中，才能进一步使消费者产生购买的欲望。前田将自己当作优衣库公司的经营者之一，所以才能时时处处站在公司的角度上考虑问题，将最好的店铺呈现在顾客面前。

"全员经营"理念的重要基础是，每个优衣库的员工都要具备与经营企业相关的知识背景，知识才是力量，只有具备了相关的专业知识，才能在问题发生时作出精确的判断且提出合理的解决之道。但在范围上，"全员经营"理念的范围显然更加广泛。后者着重的对象主要是公司的决策层和高级管理人员，而"全员经营"则完全抛弃了人与人之间的等级限制，只要具备相关的知识和经验，任何一个人都能够完全自由地表达自己的见解。在面对问题的时候从来没有上下级之分，谁提出的方法可以最有效地解决问题，谁的方法就是真正的王道。

因此，在"全员经营"理念下，只要员工拥有足够的知识和经验，那他就具备了把知识转换成生产力的可能性。在这种状态下，员工没有必要再死等着上司下达命令后才去行动，如果能够主动出击并在解决问题的过程中充分展示出自己的努力和才华，那么他们就会在提高工作效率的同时，也为自己的晋升赢得了可能性。

在全员经营的时代，员工和管理者之间的关系不再是僵硬的命令与听从命令的方式。具备创造力和执行力的知识工作者是公司最宝贵的财富，有了这些知识工作者的推动，公司才能不断前进。此时，企业的经营者所要做的事情是让自己始终像轮盘一样把握好前进的方向。只有把繁杂的事务交给更合适的人去处理，经营者才能更集中精力去思考方向性的问题。

活络人才跑道

　　一家企业若得不到成长，那么再有才华的员工也不可能有施展才华的机遇；一个员工不求上进，再具有发展潜力的企业也只能徘徊不前。

　　柳井正在总结优衣库近年来的发展关键词时，把"成长"放在了最首位。柳井正说，不论是对优衣库来说，还是对优衣库的员工来说，"成长"这个词都具有非同寻常的意义。因为员工和公司紧密结合，才使"成长"二字具备了双关的含义。

　　企业要做的事情是为员工的成长提供环境，而员工要做的事情是为企业的成长提供无限的可能性。这就像是水离不开鱼，鱼也离不开水一样，优衣库对每一个员工的负责，换来的是每一个员工对优衣库的负责。这样才是完美企业应该呈现出来的基本态势。

　　既然柳井正决定让每个人都可以成为优衣库的经营者，那么迫在眉睫的问题就是——是否每个人都具备足够的知识背景来承担起重任。为此，柳井正不得不对优衣库的员工进行系统知识的强化训练。在店铺的销售成绩主导一切的时代下，所有的训练内容都是为了快速培养出具备足够实战经验和管理才能的候补店长做准备。优衣库发展的最大障碍是人才的短缺，因此这样的培训方式显得十分必要。

优衣库的店长们需要承担起一年内实现数亿日元的营业额，同时还要管理数十位员工，这样一个看似需要具备相当实力的职位，其实只要在优衣库的内部培训下积累1~2年的经验，员工就完全可以胜任。因为这一过程远远超越了其他企业同类型培训的时间，所以外界人员习惯性地把优衣库独有的培训系统称之为"优衣库大学"。优衣库的整个培训过程是既完整又十分科学的，课程安排和正规的大学教育体系别无二致。

每一年，优衣库都会招纳400名左右的新人作为储备人才，这些新员工进入优衣库之后最重要的事情是在工作之外接受集中培训，每次培训需要三天两夜，一共需要四次培训，才算一个完整的学习过程。正是因为在培训数量和培训质量上远远超出了同行业的竞争者，优衣库在培养人才的道路上才保证不会出现所教理论不符合经营实际的尴尬状况。

这么做的目的很明显，优衣库正在尽最大的努力来弥补自身人才不足的缺陷。在培训过程中，优衣库对学员的要求并不仅仅是学习，柳井正要求每个员工培训结束后要真正回到工作岗位上，用和消费者打交道的实战经验来验证所学理论的正确性。老师还会在不同的阶段留给学员们不同的课题，根据学员在不同店铺的不同表现在下一次上课的时候进行相应的调整。这样颇费心思去做培训的目的只有一个，就是让学员得到最快速的成长。针对不同的学员，老师需要做出各种准备方案，而学员也需要提前对优衣库的培训课程做好足够的心理准备。毕竟，优衣库的培训课程可不是简单地走过场。

值得一提的是，在培训课程中，老师们会把每一个学员都当成未来的管理者来进行培养，而不是根据每个人不同的销售经验作出区别对待。这也恰好暗合了优衣库的"每个人都是经营者"的理念。在培训结束后，并不是每个学员都能真的当上店长，与一个员工未来职业走向挂钩的是他在店中的表现成绩。店员们每天的工作成效都会被准确地记录下来，以作为对该员工能力的评价标准。优衣库突破常规培训模式的一点在于：只要是符合店长标准的员工就会被破格提升为店长，而不是按照传统的模式层层提升。想要在优衣库做店长，就必须要通过每个月的业务评价和考核。这就可以解释为什么同时进店的新店员有的人几个月后就成了店长，而有的人两三年后还是一个普通的店员。

在"活络人才跑道"这件事情上，优衣库当之无愧地可以被称为是"不拘一格降人才"。鉴于大学应届毕业生缺乏足够的社会经验，一般公司并不愿意接受这样一群人进店工作，更不会提拔他们担任店长这样的重任。但在优衣库，让年轻的员工担负起店长的重担正在成为越来越普遍的事情。柳井正说："一个优秀的店长需要足够的销售现场实战经验的磨炼，对于年轻人来说，他们所拥有的时间就是最宝贵的财富。"所以优衣库从来不介意年轻人进入管理层，优衣库给每一个年轻人提供犯错的机会，只有这样他们才能够快速成长起来，并最终成长为一名成熟的企业管理人员。

虽然培训人才是公司的规划，优衣库也做到了尽量尊重各位员工的意愿，店长在优衣库晋升通道中依然是最热门的职位，但也并不是每个员工都想要成长为需要承担极大压力的店长。优衣库为了满足不同员工的不同梦想，尽最大限度打破了公司内部其他职位的开放程度。无论是管理部门、营销部门、生产部门还是海外部门，都提供了极具吸引力的岗位。对于拥有梦想的员工来说，他们需要做的仅仅是加倍努力，尽一切可能挑战自己。

同时，优衣库还会开展各种形式的内部招聘。只要有意向，完全可以向自己感兴趣的职位投递简历。从一个部门转到另一个部门，体验不一样的工作方式，是优衣库高级管理层的共识。只有这样，才能培养出能够独当一面的全面人才。只要员工自己有心，优衣库设定的规则从来不是阻挡员工前进的绊脚石。

柳井正设计的一系列独特的"人才起飞跑道"彻底盘活了员工们工作和学习的热情。只要给予员工足够的希望，他们就能够收获更多的成长。这在很大程度上算是优衣库以自我革新的方式来顺应社会潮流的创新之举，毕竟，只有让人才跑道充分活络起来，才能带动一个真正具有生命力的优衣库走向世界。

自我革新才能顺应社会

怎样才能做到顺应社会的潮流呢？答案只有一个，那就是自我革新。只有不断地更新自己，才能够做到顺应社会潮流。但对于普通人来说，对自己进行完全客观的评价是不现实的事情。没有人会认为自己做错了，即便自己的提议没有被通过，也没人会觉得自己的提议中存在问题其实是能力不足的表现。因为普通人往往是用自己认定的标准来衡量世界，而不是用相对公平的标准去衡量自己，因此导致自我评价的不切实际性。

每一年元旦，柳井正都会给全体优衣库的员工发一封电子邮件，这封邮件一方面是要慰劳大家在过去一年中的辛苦，另一方面会提到自己对新的一年优衣库发展目标的构想。其中有一个概念——自我革新——虽然柳井正只是在2004年发出的电子邮件中提到过，却是优衣库一直以来从没放弃过的事情。

柳井正希望优衣库的员工能够把"自我革新"放在首位，这要求每一个员工都需要做到善于自我批评，从而改变自己惯常的行动姿态。一个真正具备自我革新能力的人，其发展潜力不可估量。柳井正通过这封电子邮件想要传达给优衣库员工的理念是：一家企业想要在日趋激烈的市场竞争中获胜，需要有长远的思考能力和敢于否定自我的革新能力。面对风行的潮流，没有人可以以一己之力去改变流行风尚的走向，因此只有不断革新自我，才能始终保持和潮流相一致的步伐。但最根本的问题在于，企业的革新依靠的必定是优衣库中每一个"螺丝钉"思想上的转变。

对优衣库的员工来说，柳井正提出"自我革新"理念的初衷是为企业的更好发展服务。一直以来柳井正都想把优衣库做到休闲服装业的世界第一名，他希望自己的员工能够全力去执行所配给的任务，同时也要有从既往的任务中发现缺陷并及时改正的实际行动。一家企业能否在国际市场的竞争中获胜，首先靠的是产品的质量，其次靠的是企业的软服务。在这一点上，只有经营者的经营思路转变是远远不够的，它更加需要真正站在销售第一线的员工把经营者的理念通过自己的理解来传递给消费者。只有员工善于自我改变，才能够改变企业，这是柳井正对优衣库员工的基本要求。

但计划终归赶不上变化，2005年优衣库遭受到了空前的经济危机，为了鼓励员工能够重新振奋起精神来，柳井正把"自我革新"的口号改成了"二次创业"。其实，这只是在名号上有了改变，口号背后的实质依然保留了下来。这一年是柳井正宣布退休后重回迅销公司的第一年。为了挽救在下坡路上狂奔的优衣库战车，柳井正果断地作出了一个决定。他认为，想要让企业成长起来，就必须有大干一场的创业精神。面对新的挑战，片面求稳妥虽然不会失败，但也不会因为失败而产生走向成功的经验。

所以这个时期柳井正给优衣库的员工定下的标准是：永远不要因循守旧，一个优秀的员工要有敢于否定自己的精神，在有好的创意和想法的时候要立即执行。保持"即断、即决、即行"的工作态度，才能让大家共有的优衣库充满足够的能量并快速成长。

在企业发展的过程中，最重要的不是与谁为敌，而是经营者知晓自己的方向是否明确。显然，柳井正想要看到的优衣库一定是站在世界巅峰上最耀眼的明星。为此，他经常把"世界"两个字挂在嘴边。当面对全球化不可遏止的浪潮时，如果再一味地把眼光锁在日本国内市场，无疑等于放弃了把优衣库做大做强的大好时机。因此，在2006年，柳井正又提出了"现场、现物、现实"的理念，这一次他希望优衣库的全体员工能够和自己一起重新回到"经营的起点"，以店铺的服务为最高标准，为优衣库能够在世界的舞台上崭露头角打下坚实的基础。

在潮流不断变革的过程中，柳井正始终能做到的不变的事情就是改变自己，紧跟潮流的方向、推进优衣库不断前进也是最重要的一件事情。柳井正曾经说过："我们所做的每一件事都是以消费者为出发点，当顾客在优衣库消费完之后得到了满足，我们的店铺、商品、员工和整个优衣库才能够具备成为世界第一的可能性。"

所以，在后来的每一年元旦柳井正写给优衣库员工的电子邮件中，他虽然不再提到"自我革新"的概念，但会把"服务"放在最重要的位置。满足顾客不同的需求，是员工和企业革新的根本目标，也是促进优衣库逐渐成长起来从而和世界知名服装品牌相角力的唯一标准。

植入德鲁克思维

人们普遍认为，只有企业的经营者才需要去学习经营的法则，但事实上，不仅仅是企业，社会各行各业的人都有必要去学习经营的概念。无论政府机关还是一个人经营的饮食店，甚至是一些自由撰稿人、摄影师，只要是从事社会性活动的人，都应该学习一下如何经营——经营事业以及经营自己。

柳井正曾经说过，自己这一辈子最尊敬的人只有两个，一个是日本的企业家松下幸之助，另一个就是被誉为"现代管理学之父"的德鲁克。松下幸之助拥有完全属于自己的产业，因此可以从多次实战中总结出企业经营的经验教训；德鲁克却是从客观观察者的角度去分析问题，总结出企业发展之路。

柳井正认为德鲁克的思想曾帮助他在优衣库的经营之路上克服了许多难关。德鲁克的每一本书他都仔细阅读过，有些比较经典的书籍都被柳井正反复阅读，甚至翻出了毛边儿。日本一家电视台曾经邀请柳井正做客节目访谈，结果柳井正在电视上滔滔不绝地谈论德鲁克的商业理念。这档节目的制作人透露说，柳井正当时把他自己阅读过的德鲁克的所有书籍带到了现场，当现场的观众看到他在书本上的每一页上都密密麻麻做满了笔记时，柳井正的好学精神震惊了在场的所有人。

然而，德鲁克的书中并没有提到如何才能让服装的销量更好，为什么柳井正如此痴迷德鲁克呢？柳井正解释说，虽然德鲁克的书中并没有提到具体的经营方式，却有很多关于工作的本质、社会的本质和人类的本质的描述。如果能把这些高度抽象且理论化的语句吃透了，再灵活运用到公司的经营活动中，那一定是一件受益匪浅的事情。最明显的一点是，优衣库奉顾客至上的理念就来源于德鲁克的"顾客的创造"的理论；德鲁克后来提出的"知识工作者"概念也对优衣库的经营产生了决定性的影响。柳井正说，德鲁克在书中所讲述的就像一位年长的伯父在身边手把手教自己经营一样，德鲁克已经尽量在用最浅显易懂的方式来把这些理论讲清楚，现在唯一缺少的就是把这些理论应用到公司实际经营中去的人。

柳井正把德鲁克当成自己的导师，每一年优衣库有新成员进驻的时候，他都要送给每人一本德鲁克的《有效管理者》。柳井正希望这些新员工能够在工作闲暇之余，从德鲁克的书中汲取更多的营养。尽管对于初学者来说，德鲁克的理论仍旧显得过于枯燥。当初刚开始经营优衣库的柳井正也有过这样的感受，但在掌管优衣库十多年后，当他再一次拿起德鲁克的书看时，才发现德鲁克的非一般性。面对优衣库新成员对德鲁克的质疑，柳井正说："我现在了解的事情，如果同仁们能在现在的年纪就知道，或许可以更早得到成功。"这是柳井正希望在优衣库深植德鲁克思想的原因之一。

柳井正发给优衣库新进员工《有效管理者》这本书时，说自己希望这些孩子们能够通过这本书了解到一些必要的经营理论和企业管理的方法，甚至还要学会一些德鲁克的理想主义。这多多少少和柳井正对年轻一代丧失信心有关，柳井正一直觉得现在年轻的一代似乎正在丧失对未来的理想，他们在公司走上了正轨后就渐渐地失去了对更加美好未来的憧憬。人一旦失去了希望，也就失去了前进的动力。所以，柳井正不断鼓励新进入公司的员工要始终抱有希望，即便在金融危机的时代，也不应该对自己、对公司丧失信心。

在德鲁克的言辞背后是一个"指南针"，一直指导着柳井正前进。尽管德鲁克的书并没有具体地描述究竟该如何经营一家企业，但柳井正却从中提炼出了更具有思考性的命题。一个经营者如果能够从德鲁克的书中学到经营的目的和方式，那他无疑是成功的；但如果能够从书中看到经营哲学最根本的部分，当他能把德鲁克的管理思想当作是哲学书和人生指南来阅读的时候，才真正超越了阅读者的身份，才做到了把德鲁克的思维和自身紧密融合在一起。

培养世界顶级的经营者

柳井正认为经营者在智力和精力上的高峰是在50多岁的时候，因此，当柳井正步入60岁后，选择谁来做优衣库的接班人这个问题就显得十分紧迫了。

很多人问，为什么柳井正不选自己的儿子作为接班人呢？因为在柳井正看来，日本随着战后高度成长期发展起来的零售业，创业者不是传承给亲戚经营，就是一直掌控经营权直到晚年，这让企业的发展受到限制。所以，为了优衣库能够持久地发展下去，柳井正选择了用最优秀的人才，而不是最亲近的人。

起初，柳井正一度想把总经理职务交接给泽田，不过当时才44岁的泽田却因为某些经营角度不同经常与柳井正发生分歧，最终萌生自我创业念头，离开优衣库。这是柳井正寻找接班人时面临的第一次挫败。

在泽田之后，柳井正认为玉塚是不错的人选。但是接管优衣库后玉塚的表现又有些不尽如人意。连续两次的寻找接班人计划失败让柳井正放弃了寻找年轻接班人的这条路线，转而在优衣库实行委任型的董事制度。柳井正根据各董事的专业领域将经营职责下放，让自己处于监督的地位，这是柳井正对经营接班人做的第三次尝试。

为了在接下来的几年时间内寻求到合适的接班人，2010年4月柳井正与一桥大学研究生院国际企业战略研究科的教授们一起，创立了名为"FR-MIC"（迅销管理革新中心）的教育机构，从优衣库公司里选出100位优秀的人才，正式开始进行企业改革及经营者培训。通过优衣库的内部干部培训成长起来的优秀人才将和优衣库从海外员工中挑选出来的100名优秀员工一起被送到次世代公司接受经营理念的教育和训练。

"FR-MIC计划"具有很强的目的性。在培训的过程中，优衣库将与一桥大学、哈佛大学和瑞士商学院IMD三方进行合作，以期打造出具备日、美、欧三方教学体系构成的人才培训系统。培训中还会不时邀请顾问公司或其他知名公司的经营者担当客座教授以进行经营理念和原理原则问题上的指导。同时，在优衣库经营中发生的真实案例也会被实时写进教学课件之中，以培养切实可行的经营实战技能。

FR-MIC培训的最直接目的，就是为优衣库将来在国际舞台上一展头角做最充足的准备。柳井正特意安排的集日、美、欧于一身的培训模式，就是要让这些优秀的员工不但可以接触到世界上最先进的经营理念，还能够从学习中分辨出各自的优劣，以便寻找到最适合优衣库经营的新模式。鉴于优衣库采用的是以店铺为主导的经营模式，店长在优衣库全球化的过程中起着至关重要的作用，因此FR-MIC培训中更加注重对参与者个人能力的培养。

柳井正主张，成功教育的最终形态应该是：工作本身就是一种教育。每个人透过自己的思考进行工作，同时在一个日趋完备的伙伴与团队工作机制下进行工作。每个人都可以接受教育，同时又去教育培训他人。这种互为教育的结构有可能成为企业脱胎换骨、不断前进的原动力。

柳井正更想透过FR—MIC来观察学员们的个人能力。柳井正解释说："全球化浪潮中，企业的多国籍化是不可避免的，并且这也是一家企业的最终走向。但未来将会出现个人全球化的趋势。"因此，柳井正把优衣库正在进行的培训计划称之为"民族大移动"。通过FR-MIC培训出来的精英员工只有在世界各地积累起丰富的海外经验，才能从容地应对因为地区和文化的差异而引起的各种误会和争端。

想要实现优衣库的国际化，第一步是要让优衣库的员工具备国际化的理念，当每一个员工都完全国际化的时候，优衣库自然也从上至下地完全国际化了。采用"民族大移动"的策略就是要消除员工固有的经营特点和经营方式，重新给他们灌输无差别的国际经营理念，真正实现民族上的无差别性。毕竟，只有先改变自己，才能够改变企业的未来。

但在FR-MIC培训中，也有人质疑柳井正曾经提出的"全员经营"的概念，他们认为柳井正这次是在进行精英教育，和之前的经营理念完全背离了。柳井正说："全员经营的理念最后依靠的还是每个人的业务能力，如果不去强化员工的个人能力，而片面地强调整体作战，再强大的组织也终会因此而瓦解。"

提升员工个人的能力，是把优衣库推向全球化的第一步，同时也是最重要的一步，更是不可或缺的一步。柳井正曾经希望自己能够亲自到FR-MIC学院中去任教，以便把自己的经营理念完整地传达给学员，他希望通过FR-MIC培训出能和优衣库在一起工作一辈子的员工。

直面女性职员问题

当下社会中，女性早已不再满足于家庭主妇的角色了，她们越来越多地走入社会，在各行各业中寻求自我价值的体现。这不只是在挑战自己，更是在挑战男权思想。优衣库的企业文化氛围很好，各组织之间是平等的，无论年龄、性别、国籍如何，员工都会得到公正的评价，无论何时何地，谁都可以堂堂正正地发表自己的看法和意见。

在人事管理上，柳井正已经采取完全的"实力主义"，男女平等，员工年轻而有活力，平均年龄仅为30岁。这些情况表面看上去已经很不错，但是柳井正并不就此满足。因为在优衣库店面中，女性员工会占据大多数的位置，可真正分配到领导位置的女性却只有三位，而在部长以上的职位中根本就没有女性。在日本传统的经营模式中，男性依旧占据着主要的位置，这似乎本应该就是顺理成章的事情。

优衣库的员工条例里写着员工之间没有性别、种族、国籍的差别，而且在薪酬待遇上也全然没有男女之别。但这句话也仅仅限制于在条例中起作用罢了,女性员工想要充分发挥自己的聪明才智,总是会受到来自各方面阻力的影响。首先,女性要面临结婚和生育的问题,这不可避免地会耽误工作的时间;其次,和优衣库有着业务往来的公司负责人也都是以男性为主,所以女性似乎只能在销售方面发挥自己的优势。

而优衣库想要成为全球第一的企业,不仅限于日本国内发展,执行董事及经理级的干部中就必须有一半女性和一半外国人士,否则就不能称之为全球化的企业。而且优衣库也只有达到这样的平衡点,才会得到全世界的尊重,也才可能吸引到更加优秀的不分年龄、国籍的女性人才。

因此,在对管理人员教育的过程中,柳井正认为对待女性应该像对待男性一样严格,这样她们才能做出更为优秀的成绩;但另一方面又不能忽略女性这个群体的特殊性,比如痛经、生育和产后哺乳等不利因素。

曾有一家百货公司的楼层经理说他能够清楚地了解该楼层所有女店员的生理周期。在那段特殊的日子里,女性总会有不同寻常的反应,此时出现的一些简单错误或情绪化或没精神等问题,都是可以得到谅解的。留意这些特殊情况的上司才能称之为一名好上司,也才能得到女员工的爱戴。

柳井正对此考虑得更深入一些:女性一旦结婚辞职,公司能够接受她的复职申请,一定时间的哺乳喂养结束后能否再回归原来的岗位由员工自己决定,如果她是店长,一方面要让她提高自己的工作技能，一方面也要让她哺育好自己的孩子。当某个店铺中的女性员工超过该店铺员工数目的一半时，优衣库会为这些女性员工专门设立幼儿园，以解决她们的后顾之忧。这方面的机制如何设计需要根据各个店铺的不同情况，加强理解，累积经验，才可能形成公司的制度。

2007年12月，在柳井正的倡议下，迅销公司重新修订了生育及产后休假制度，使女性有了能够长期在企业里工作的环境。另外，还启动了以开发女性店长职业潜能为目的的"女性店长项目"。截至2009年7月，优衣库有20％的门市由女性担任店长。

店长既是一家店的经营者，同时又身为人母，需要女店长付出很大的精力和时间。周末是优衣库店铺顾客最多的时间，但周末也是家人团聚的时间，女店长如何能够更好地工作和休息是一个两难问题。柳井正也在不断摸索经验并不断尝试，比如采取一家店铺两个店长的制度等方式。

尽管针对女性员工制定了更多的人性化制度，但柳井正从来都不推崇"女性优先"法则。他认为男女应该是绝对平等的，任何人都应该凭借自己的实力来获取奖励，而不是靠别人的忍让。在面对性别问题时，柳井正心中的实力主义再一次占据了上风。

柳井正更不想看到因为男性的忍让而让已经成功的女性形成傲慢、不负责任、散漫的作风。不管是男性还是女性，只要他们是"领头羊"，都应该做好示范作用。靠着榜样的力量，才能够让优衣库走得更远。在这一点上，男性和女性有着同样的职责。

工作的真谛在于付出

在工作中,如果只把工作当作谋生的手段,只是为了赚钱而工作,就无法体会到工作的乐趣。对于每一个员工而言,工作是让生活更加有意义的过程,是承担社会责任时个人价值的体现。因此,对待工作应该付出所有的热情,把工作当作一种修行并对其全身心地付出。

当然,人们在工作中的付出最直接的表现就是在薪水上。柳井正深知这一点,所以他从来不会让优衣库的员工认为自己的付出与收获不成正比。

在与丰田公司高管们畅谈的一次聚会上,柳井正表示:"虽然我们现在面临着经济困难,但给员工的奖励却不能因此减少。日元贬值,但员工的工作能力并没有贬值。"就因为这句话,丰田的管理者就对柳井正肃然起敬。是的,公司业绩的下滑是受多方面因素影响的结果,单单把这一点归结到员工不努力工作上,未免显得过于主观且武断。柳井正不会做这样的事情,但是经营者怎样能在公司发展停滞不前的情况下,仍然保证员工得到合理的收入呢?

柳井正决定将优衣库的人事考评改为每三个月进行一次,以考评的业绩来决定员工在下个季度应该拿的薪酬和奖金额度。考评是一个很复杂的过程，每个员工都要把自己过去三个月内的成绩汇聚到报表上，然后由专人负责进行调查核实，最后决定员工薪酬的增长额度。然后将每次考评完的结果以展览表的形式粘贴出来，展览表上有五个不同的等级，每个等级的员工拿到的薪酬水平各不相同。每个员工拿多少工资都被注明在展览表上面，员工可以根据自己所处的等级去财务处领取相应的工资。

这样的做法不像很多大公司对员工的工资实行严格保密，柳井正认为这种开放性的做法能够真正激起员工间彼此的竞争心，是力争上游的根源，同时，每个员工还可以从展览表上看到自己的缺点和不足。

这样区分工资和奖金水平的标准虽然只有通过考核评定的等级，但等级考评却有着很大的弹性，并不是单纯地根据员工上一季度的销售业绩来进行排名。在考虑过相关的数据后，还要对每个人的工作潜能做一番预测和评定。如本身就在第一级别的员工在评定中又能够拿到A，那就证明他是上进的，他就可以拿到双倍的工资。

因而，员工只要尽最大可能发挥出了自己的实力，就一定能得到正确的评价。这也是柳井正理想中的优衣库薪酬制度，但这样仍避免不了许多人会认为自己受到了不公正的待遇。只要员工提出申诉，就会有相关人员重新进行考评。只有对每一个员工认真负责，才能让每个员工对顾客认真负责。

因为人事考评是相当复杂的过程，所以每次进行时都要召开四五次以上的大型会议。柳井正每次在会议上都提醒考评人员务必要做到公平公正。

　　对于同一个员工，评审可能会因为眼光和角度的不同而产生不一样的意见。为了避免这种情况发生，柳井正会亲自进行协调。对专业人员的考评要请专业人员来做，绝对不能让搞策划的人来评定销售部的表现，牛唇不对马嘴的事情会让人贻笑大方。

　　同时，考评这件事情也和被评价人与评价人在考评时的沟通程度有关，一个过于内向而不善于表达自己的人，考评分数通常不会太高。不是考评人员有偏见，而是被评价人根本没有把自己的优点和长处表现出来，又怎么能给考评者提供考评的依据呢？柳井正更喜欢外向的人来公司工作的原因就在于此，只有这样做才保证上下级之间的沟通不存在任何问题，这也是成功的前提。

　　在整个考评过程中，柳井正给每个被评价人30分钟的时间进行自我阐述。被评价人在此期间可以尽情自由发挥，他可以讲述自己的工作业绩，也可以谈对公司发展的规划，甚至利用这段时间来提意见，这都是完全没有问题的。其实在柳井正看来，考评只是一种手段，他更期望这种形式能够变成上下级之间的交流座谈会。

　　考评要坚持的原则之一就是严谨。为了避免出现过于极端的结果，每个考评结果都要及时反馈到被评价人手里，只有等他签字并确定没有问题后，考评结果才会真正生效，否则就需要进行重新评定。

　　考评的意义在于激励员工的进取心，以看得见的薪酬使之获得满足感。这样的考评制度得到了公司上下所有人的认同，虽然在评价的过程中也偶有意见相左的时候，但争执总是能够很快得到解决，柳井正认为这对优衣库来说是好现象。

优衣库一年中会发三次奖金，最后一次是年终分红，这是要和当年的销售业绩相挂钩的。柳井正能保证的是，即便公司的总体业绩有可能下滑，但员工的奖金额度并不会因为经济危机等原因而减少。因为公司业绩下滑并不代表员工的工作能力下降了。这完全是两个不同的概念。这一点也为优衣库留下了更多的人才。

在团队中，努力做事和不努力做事的人差别很大。用集体主义的观点去进行人事评价绝对是对优秀者的一种羞辱。只有因人而异、完全依靠个人能力进行的人事评价才是最公正的。全员经营也意味着全身心投入，无论公司发展如何，只要员工全心全意为公司付出了，就会得到相应的回报。

Chapter 6
成功一日就可抛弃

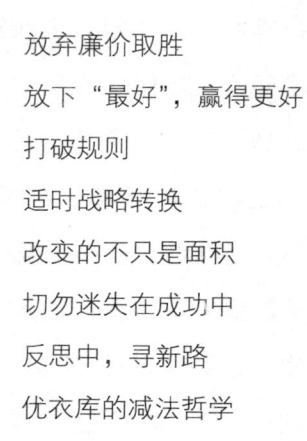

放弃廉价取胜

放下"最好",赢得更好

打破规则

适时战略转换

改变的不只是面积

切勿迷失在成功中

反思中,寻新路

优衣库的减法哲学

放弃廉价取胜

　　优衣库的低价已经成为日本休闲服装业定价的新标准，一些成衣企业迫于销量问题强迫自己定出比优衣库更低的价位，在无形之中掀起了一场血雨腥风的价格战。每一家公司都试图用低价来扳倒对手，如果被扳倒的成员中出现优衣库的名字，那更是意外之喜。
　　但这样的事情终归只是这些企业的一厢情愿罢了。在价格战中，优衣库从来不是吃亏认输的一方。多年的实战经验让优衣库产生了一整条完全成熟的制衣体系，只要产业链运营得当，完全可以不必为价格战的事情担忧，并且在价格战中，优衣库一直都处于主导的位置。其他厂家的价格设定为多少完全以优衣库为参考对象，但并不是每一家企业都拥有如优衣库一般成熟的控制产业成本的体系。在经营策略上，优衣库完全不必要去担心对方的竞争，想要靠价格来打倒优衣库，需要的不仅仅是机遇和实力。

因此，每场价格战之后，日本国内的休闲服装产业难免要面临新一轮的洗牌。企业经营是一件冒风险的事情，柳井正认为：在经营企业和与对手竞争的过程中，结果只有两个，非胜即败。但在这场冒险中，冒的风险越大并不代表其收到的效益也就越大。

尽管优衣库用摇粒绒的成功证明了自己的实力不容小觑，也用Heattech的成功证明了优衣库具备逆流而上的实力，但也正是因为优衣库的商品低于正常市价，虽然对消费者散发出了足够的消费魅力，但也终难摆脱"价格便宜"四个字的魔咒。这四个字，对优衣库来说是一把双刃剑。在成功地把众多消费者吸引进店铺之后，尽管优衣库一直在大力推销"便宜有好货"的概念，可在消费者眼中，"优衣库＝便宜货"的想法一直未曾真正被抹去。

在优衣库的经营哲学中，用最低的市场价格给消费者提供最好质量的商品，是其终极使命。但柳井正并不想优衣库因此而被贴上"低价"的标签，他认为如果优衣库的商品只是因为'价格低廉'才会大卖，那么对公司的未来一点好处也没有。

因此，当优衣库成功地控制了产品成本后，柳井正及时地把优衣库的经营方向转向了"后低价时代"，他宣布："优衣库将放弃低价。"这个决定一经提出就在优衣库内部引起了轩然大波。许多员工认为这纯属天方夜谭，因为优衣库一直都是以低价而存在的，这是一个不争的事实，如果优衣库放弃低价，就等于要放弃现在已经经营好的一切，必须要彻底改变已有的经营策略，否则几乎难以撼动消费者现有的观念。

然而柳井正还是想要去尝试，他认为成功只会让人变得呆板和形式化，最后产生骄兵必败的结局。优衣库这个品牌虽然已经完全取得了消费者的信任，但只有不断满足消费者的消费需求，才能维持住顾客对优衣库的忠诚度。在如今的市场环境中，SPA模式早已不再是新鲜词汇。虽然迅销公司率先应用了这一经营模式，但这并不代表迅销公司在此种模式上一定比后来者更具有发言权。因此，如果长期只是坚守价格的底线，必定会有被驱逐出市场的一天。

而在日本国内，单纯的价格战还在持续上演。许多商家简单地认为"低价诉求=顾客增加"这一公式是万能的。但这样的时代终会成为过去式，随着优衣库全球化脚步的加速，以及世界经济日益把日本市场也囊括在内，日本国内的消费者也不再单纯地被"价格"所迷惑。当消费者开始追求起产品的"价值"时，许多经营者才明白过来，"价值"不但包含了价格的因素，更是建立在一件商品质量如何的基础上形成的综合评价。

因此，在"优衣库放弃低价"的广告中，柳井正费尽气力地解释说："优衣库在商品的企划开发、生产管理到流通贩卖等各个阶段花了不少工夫控制成本，才能把商品的贩卖价格压低。"他这样解释希望达到的目的是要让消费者明白，尽管优衣库用非常低的价格来售卖服装，但并不等于优衣库会因此而降低服装的质量。

此时，那些为优衣库宣布放弃低价策略而为之欢呼的企业才明白，优衣库不以低价吸引消费者并不代表优衣库放弃了低价的策略。

当优衣库悄悄地把商品的质量作为宣传重点的时候，其早已经预见到日后服装产业格局的变化。这是柳井正为优衣库能够在日本国内市场更好地生存下去打下的一剂强心针，也是为优衣库进军国际市场预先埋好的一大伏笔。

市场不是无常的，企业经营自然也不能凭借一时的兴趣或他人的做法而迷失自我特色。一家企业想要立足长久，必须放弃无常的经营策略。市场的变化规律不一定是每个人都能够参透的标准，但始终立足于消费者的角度去考虑问题终究不会出错。

在这场价格战中消失的企业犯的一个致命错误是，他们只是错把优衣库当成了敌人，而忽视了消费者这位永远不能失去的朋友。其实，在竞争中，优衣库和任何一家企业之间都只是对手的关系。"对手"这个词应该是中性的，和旗鼓相当的对手竞争是一种幸运。但若是被对方的经营策略牵着鼻子走，就会迷失自己的方向。

企业经营不是游戏，游戏输掉之后还能重来，而企业经营的结局只有两种：非胜即败！对优衣库和柳井正来说，如果没有足够取胜的把握而贸然行事，等待他们的结果和其他人是完全一样的。市场是公平的，不会因为你曾经的辉煌和失败而区别对待。所幸优衣库嗅到了市场的规律，因此才能在经历风浪后最终迎来一片艳阳天。

放下"最好",赢得更好

人们难以放下当下的一个主要原因,就是认为自己拥有的就是"最好"的现在。但一个优秀的领导者不会停留于手中所谓"最好"的东西,他们知道一旦认为某件事物"最好"往往意味着停止成长,甚至意味着自我死亡。

柳井正就是肯于放下"最好",赢得更好的人,发热衣"Heattech"的诞生就很好地说明了这一点。

最初,Heattech材质主要被用在制作冬季运动衣上。用Heattech材质制成的衣服可以吸收人体因出汗形成的水蒸气,让衣服自我发热,以抵抗冬季的严寒。即便再寒冷的天气,人们只要穿上一件Heattech内衣,外面套一件长袖T恤衫就可以轻轻松松地去逛大街了。

但是当时市面上已有的Heattech服装却被人们戏称为"阿婆牌卫生衣"。原来,这些Heattech服装因为材质的原因显得硬邦邦的,款式上也缺乏足够的流行元素,谁要在东京的街头穿着这样一件衣服出现准会被人们嘲笑是没有穿衣水准的人。存在缺点,就证明存在进步的空间。柳井正发动优衣库所有的员工开始对Heattech服饰进行企划工作，目的只有一个：改良旧款的Heattech服饰，为其创造新生的机会。

被一般常识所束缚的人，会认为这样一种已经有了的商品、一种与运动相关的商品，最多一年在日本全国能卖出五万到十万件就已经算是很不得了的事情了。事实上，优衣库也完全可以毫不费力地去做这样的事情，这在当时看来也已经是"最好"不过的事情了。

但柳井正并不这样想，他所思考的是：这种不太被人注意的衣料如果能在工艺上进行改进，将它做得更薄、更轻盈，穿着舒服，并且在颜色上处理得更具时尚感；不仅提高其保温功能，更通过增加保湿功能，让冬季的肌肤滋润不干燥，将会什么效果呢？而且，如果用所有消费者都能购买的价格出售，会是什么情形呢？ 如果改变一下这个商品原本的用途，再为它加上各种可能的附加价值，也许可以卖到五百万件或一千万件呢！

思想方法稍作改变，大大地拓展了商品的可能性。柳井正最后思考的结果是，通过"色彩"的概念来重新定义Heattech服饰。由于对新科技的应用，优衣库研发出来的Heattech服饰不仅具有保温的作用，还添加了保湿的功能来对抗冬天干燥的气候。主管优衣库女性商品部门的白井惠美小姐说："Heattech的成功，最关键的因素就是在保湿性。因为冬天不只会冷，空气干燥还会让肌肤发痒，所以开发能保暖，还能保湿的衣物，是第一步。"

优衣库仅仅通过色彩的变化和高科技的融入，就使得原先根本不被人们看好的Heattech服饰成功吸引了众多年轻人的购买欲望。尽管

Heattech服饰属于内衣系列，但优衣库推出的Heattech产品一改内衣单调的款式和色彩，远远看去，谁也不会料想到这些色彩缤纷的服饰竟然是穿在外套里的内衣。

柳井正说："只是一点点想法的改变，就能让商品的可能性无限扩张。所以我们更必须从头开始，保持着热情去思考和研究，寻找各种商品热卖的可能性。"这句话可以用发生在Heattech服饰上的数字变化来印证。最初的Heattech服饰在全日本一年时间里只能卖出不到10万件，可是优衣库人却用自己对于服装的热情改变了Heattech，改变了人们对Heattech的消费态度。态度是行动的先决条件，通过优衣库的改变，Heattech的销量突破了千万件，这个数字恐怕是任何一个休闲服装从业者从来不敢想象的。

与Heattech有异曲同工之妙的是BRATOP内衣，优衣库同样是在原有的基础上进行了改造，却直接引领了一场女性内衣的革命。

关注女性服装的人一提到BRATOP自然不陌生，翻译过来，通俗地讲就是指抹胸，也称文胸。事实上，优衣库早在2004年就开始出售BRATOP了，只是那个时期的产品功能明显指向内用型。一年之后，优衣库开始注意到，很多时尚女性开始尝试将紧身内衣外穿的着装打扮。优衣库的女性商品采购部门的人看到这一流行趋势，决定进行这一类的商品开发，为此专门成立了研制开发团队。

研发后的BRATOP克服了传统立体罩杯容易变黄的难题之后，使淡浅色的商品开发成为可能，也就是将原本只当内衣的BRATOP变成了外穿的时尚服装。从女性消费者的角度来看，实现了内衣外穿的革命性胜利。

2010年夏季，经过改良的BRATOPA系列再次引发轰动。经过全新剪裁与修身感受的BRATOP系列产品糅合了时尚风情与实用设计，不断追求高品质、好设计与新技术，为女性们掀起了全新的BRATOP革命。

全新的BRATOP系列延续了将内衣与背心、T恤、长衫，甚至连衣裙巧妙结合，轻松一件取代了传统BRATOP及外衣的双重包裹；让女性在彻底摆脱文胸的束缚之余，凸显女性独特的身段魅力。

2010年的新BRATOP系列弹性的优质布料可令BRATOP系列从腿部往上穿着，如此方便贴心的设计令女性无须再为BRATOP寻找搭配的外衣，也不必再为外衣购买专属的内衣，为女性消费者提供了更为舒心、便捷的消费感受。

优衣库2010年设计推出的全新BRATOP系列以海洋、格子、花卉等印花主题带来187种颜色与图案设计，还增添了BRA背心式连衣裙及BRA背心式长衫等款式，让女性消费者不受时间、地域的限制，轻松塑造玲珑曲线。

在经营与创新的道路上，只有倒空今天的"很好"，才会有明天的"更好"。柳井正一直在不断否定和调整现有商品开发技术、经营理念的过程中，一路实现着对自我的不断超越。正如英国著名思想家罗素所言："人生最难得的是，过哪座桥，烧哪座桥。"

放下过去的经验并不容易，尤其是要告别过去"最好"的东西。但是一流的团队和领导者总会把握一点：放下"最好"，才能赢得更好！

打破规则

顾客需要什么、何时需要、愿意花费多少钱……这些问题大多是假设出来的,各行各业都有既定的回答,它们被称为所谓的"行业标准"。行业规模越大、时间越久远、越景气,这些"行业标准"就越是根深蒂固,而行业中能够达到这些"标准"者则能够成为人们眼中的"成功者"。

一直以来,日本纺织业都非常密切地追踪高新技术纺织品的研发动态。近年来,极具创造力的产业用纺织品行业呈现出快速发展的势头,这引起了日本业界的广泛关注。从产量来看,全球的产业用纺织品产量从2005年的19581万吨增长到2010年的23631万吨。而产品的研发触角也向多领域伸展,包括航空学、医用、服装、运动服、农业、交通用具以及土木工程等方面。

日本东丽公司就是行业中的翘楚。在20世纪60年代初期,东丽还是家默默无闻的小公司,但从20世纪70年代开始,东丽公司以生产化纤为中心开展多角化经营后,营业额如芝麻开花节节高,至1986年营业额已达1万多亿日元(约合人民币607多亿元)了,登上了世界第一碳纤维厂的宝座。

柳井正最初想和东丽公司建立生意往来是在1998年，那时候优衣库只是默默无闻的小字辈企业，而东丽公司早已是纺织产业界中的王者。两家公司根本不在一个水平上，想要和这样背景的公司达成合作关系，当然不太容易。

柳井正鼓足勇气去拜访东丽公司当时的前田胜之助董事长，向他坦诚地提出合作请求，希望共同组建研发团队，开发新衣料。柳井正靠自己的一番热情和优衣库自身的潜力，让前田胜之助最终答应下来。

这一合作却引起了很多业界大佬对优衣库与东丽公司的不满，他们认为优衣库不配也没有实力与东丽进行这样的合作，有些行业中有实力的人物更是直接当面发难东丽公司总经理。一切皆是因为所谓的"规则"，似乎只有强强联手才更加符合圈内的发展规律。人们认为当时还名不见经传的优衣库根本没有资格站在这样高的"位置"上。

如果说按照业界论资排辈做生意谋合作是一种人人必须遵守的铁规则的话，那么柳井正就是要打破这个规则的人。

对大多数企业而言，获得竞争优势的关键源于遵守这些游戏规则的能力。有时候，人们甚至认为这些规则是如此理所当然，根本不会有意识地再去想想。然而，当行业开始变得脆弱、市场增长放缓、竞争对手坚不可摧、顾客关心价格甚于关心价值、技术步入稳定期的时候，规则通常就会被打破。规则的破坏者就为顾客带来了特别的益处。

打破规则通常始于一个有悖传统的想法。但仅有好想法是不够的，因为仅仅依靠一点区别就反叛是不值得的，商业天性保守，只有在可以预知未来时才能够驱动革新。

企业组织效率方面的专家Robert M. Tomas在《北大商业评论》上谈及《打破规则者》这一话题时，指出："打破规则需要一些人挑战既定规则，把这些想法变为新的服务或产品。"作家及咨询师拉里·米勒区分了两种人——"先知和野蛮人"。先知者对想法更感兴趣，他们可能很有远见，但没有野蛮人的行动耐心。而一个好的野蛮人会抓住先知的远见，竭尽全力实现它。雷·克劳克做到了这一点——他把20世纪50年代麦当劳兄弟在南加州创立的麦当劳餐厅变成快速的、人们无须下车的餐馆。又一代人以后，"野蛮人"史蒂夫·乔布斯和他的"先知者"伙伴斯蒂芬·沃兹涅克一起创建了苹果电脑。

打破规则者成长的秘诀是：一方面保持"先知"和"野蛮人"的方向平衡，另一方面在市场上建立起势能。打破规则需要这样的组织：组织成员认可各个方向产生的价值；组织的领导人像政治家一样能够左右各种力量，视当下的需要随机应变。

细数那些走向巅峰的人物，有谁不是打破了行业的规则才寻找出一条与众不同的成功之路？"野蛮人"柳井正又怎会屈居于这样的规则之下呢？

外界的质疑、阻挠甚至是贬低不会让柳井正放弃这样来之不易的合作机会。此后，优衣库与东丽公司从商品开发的初期阶段开始，从材料开发到销售建立起一体化的合作关系。根据双方的合作协议，优衣库将提供其在全球收集的流行预测信息和销售数据，与东丽公司共同负责服装产品的策划等工作，并确保最高级面料的稳定货源。东丽将通过双方一体化的合作开发，推进新材料的研发，有计划地实施面料生产线等设备投资。同时东丽还将在全球各地工厂建设优衣库专用生产线，以帮助优衣库进军海外市场，以应对欧美著名服装企业的竞争。

与世界上化纤技术最先进的东丽公司合作，让优衣库为消费者不断带来新的惊喜并引发全新的穿衣革命，这让柳井正信心十足，"让世界上所有人都能买我们做出的高品质衣服"将不会只是一句口号。同时，东丽对优衣库的快速发展无疑起到了不可磨灭的促进作用，两个巨头伙伴开始携手创造未来的宏伟蓝图。

"计划未来，是为了活在未来。如果不拼命努力，不可能一直维持现状就能生存，如果不想想未来自己要变成什么样，没有这样的意志，在将来是不可能存活的。""打破规则者"柳井正这样看待工作与人生。

适时战略转换

在零售业有一条不成文的规定：零售业的成功与否取决于商铺的地段，而商铺的地段决定着租金的高低。好地段的商铺租金就贵，带来的利润也成正比。不管是卖鞋子还是搞服装，这几乎是无可改变的事实，因为好地段商铺的条件是相同的。

比如路边商铺是公认的地段最好的，因为在路边，门前自然就有川流不息的人流和车流，人们从很远的地方就能看到店铺的所在，认知度相对会比较高。但是这样的商铺租金都很高，对于正处在创业初期的企业来说很难承受。

优衣库的第一家店铺开在广岛。当时在广岛选择店铺时，柳井正几乎走遍了广岛市的每一个角落，就为了寻找一处合适的店铺。但像许多大城市一样，好的地段店铺价格都很昂贵，如果店铺是在市中心的好地段，那价格就更加昂贵了。而当时的优衣库还在创业阶段，资金十分紧缺。如果将店铺开在繁华地段，那么为了支付高昂的租金就要保证极大的商品销售量。一旦销售额有所下滑，就只能选择关闭该店铺了。所以，只有和自身经济实力相符的店铺才是最好的选择。在柳井正一筹莫展之际，他偶然间发现在一条主要的商业街边上有一条胡同，这个胡同里有一个很好的店铺位置。更加重要的是，这个店铺的租金要比商业街上的租金便宜得多。

为什么不把店铺开在这个胡同呢？这条胡同可以直接穿行到商业街的主干道上，所以对顾客来说并不算偏僻，说不定还是很多消费者到商业街去的必经之路。但这样的做法可以说是史无前例。因此，在广岛一号店临开张前还有不少人质疑柳井正这样做的可能性。但是令所有人没有想到的是，广岛一号店取得了巨大的成功。

这让柳井正立刻燃起了信心，他开始紧锣密鼓地寻找第二处店铺，但这次却没有第一次那样顺利。为了节约资金，柳井正将一家电影院的二楼作为了广岛二号店的地址。这个位置也处于繁华街道，而且租金还是很便宜。没想到这条街后来逐渐发展成了美食街，因此几乎没人到那里买衣服。

事后，柳井正反思：店铺选址非常重要，不要只看着门面费用的高低，要选择"没有失败的门面"。但是，能碰到广岛一号店这样好的位置并不是一件容易的事情。而且二号店的失败令原本就不算充足的资金更加捉襟见肘了。无奈下，柳井正就选择了一些地段不好但租金便宜的地方作为优衣库的新店铺，但最后的结果是得不偿失。

几乎被逼到绝路的柳井正再次作出了一个大胆的决定，那就是将店铺开到郊外去。这个想法也遭到了不少人的质疑，每个人都知道市中心才是购物的天堂，谁会跑去郊外购物呢？

但柳井正认为：没钱的人为了攒钱不能冒险，因为一旦冒险失败就是致命伤。另一方面，有充足资金的人即使冒险有时也能转危为安。柳井正深知优衣库的处境已经不能再经历风险，所以这个决定是柳井正深思熟虑之后的结果。

首先，当时日本掀起了一股购买私家车的热潮，每到周末，全家都会驾着车到郊外玩耍，这就能够为优衣库提供人流量；其次，正是因为店铺开在了郊外，比起那些开在市中心的店铺，郊外店铺更加能够吸引那些有明确购物目的的顾客。只要优衣库找准了服装的定位，就不愁吸引不到顾客。

事实证明，这一次柳井正再次做对了。优衣库就这样走上了郊外开店的道路，并日益壮大了起来。可是，随着优衣库的发展，原来的那套让柳井正成功的店铺选址方式已经不再适用了。当时在东京市中心的繁华地段上的店铺都是外资企业，各大品牌店铺一家挨着一家，竞争极其激烈。

这个情景让柳井正想到了自己曾经到西班牙巴塞罗那旅游时看到的情景，当时走在大街上的柳井正无意中发现人们手中，拎着的购物袋几乎很少标有某某百货公司的，更多都是拎着ZARA的购物袋。这还不算，当他来到一家ZARA店铺时，发现如此炎热的夏季ZARA店铺里挂出的几乎已经全是秋冬季的服装了，这让柳井正大为震惊，他做梦都不会想到ZARA的换季如此之快。后来他发现，在巴塞罗那的市中心集中了那么很多ZARA集团的店铺，其数量之多、分布之密集，非一般竞争对手所能比较。原来ZARA快速成长的秘密是这样的，这样柳井正茅塞顿开。

如果面对如此强大的对手优衣库还按照原来的战略经营，距离走到事业尽头也不远了，也不可能帮助品牌进一步成长。所以，优衣库也要在大城市的中心地段开出大型店铺，开发制作出具有时尚感的商品，在每个季节更换时尽可能提早地进行季节商品的换季工作。于是，柳井正开始根据优衣库自身实际情况进行开店战略的大转换。

由于现在的优衣库不再是曾经那个资金不足的优衣库，所以再次回到市中心后，柳井正不用再为租金的事情而烦恼，他考虑更多的是如何选择更加合适的位置。这一次，柳井正做了一个冒险的举动，那就是将优衣库的店铺开在H&M、ZARA、GAP这些国际知名品牌店的旁边。如果是别人，恐怕会对这些店铺避之不及，生怕他们会抢走了自己的顾客。但是柳井正偏偏反其道而行，结果因为优衣库服装的定位使得柳井正这一次的决定再次获得了成功。很多从H&M、ZARA、GAP走出来的消费者都会再走进如优衣库的店铺中挑选一些能够与新买的衣服搭配的服装。

如今，优衣库的店铺已经像迎风飘扬的旗帜一样插到了全球的各个角落，向世界宣告了优衣库的存在。从一个以奉行标准化连锁店的准则为圭臬的卖衣人，到以追求最大自由度为终身目标的优衣库社长，柳井正唯一没有改变的就是不停地否定自己，不停地否定以往那些已经成功的经验之谈。在柳井正的思维中，他既不想被固有的模式套牢，同时也不希望放弃优衣库对消费者消费行为的态度和反应，因此才会有优衣库店铺以不同的形式出现在公众面前的现状。

从繁华的商业街到周边的小巷子，从郊外店到市中心店，优衣库所走的每一步都是柳井正经营才华的个人秀。没错，经营企业如同撰写人生，在生命的每个转折点都有机会在等着我们——如果我们努力，就能抓住机会；反之，若心中没有清晰的任务和目标，没有为实现这些目标随时调整战略的能力，原本唾手可得的也将成为过眼烟云。

改变的不只是面积

在企业的发展历程中，想要时时跟上时代发展的脚步，就要不停地将企业中失去活力的、陈腐化的、没有生产力的东西加以废弃或改造。只有一边追求效率，一边搞创新，企业经营者才能得到锻炼，企业才能得到发展。

作为优衣库成立的第一家店铺，广岛一号店就像柳井正一手养大的孩子。但是随着整个迅销公司的发展壮大，广岛一号店却呈现出相反的发展方向，经营状况日益下滑。面对这样的状况，柳井正毅然决然地将这个曾经是自己骄傲的店铺、这个让自己事业起飞的店铺关掉了。当时公司内很多人都感到十分惋惜，认为就算不能盈利，这家店毕竟也是优衣库成长的基础，这样关掉太可惜了。柳井正固然也会不舍，但是在商场中，拖泥带水、感情用事是不会成功的，要向前走，就必须学会否定过去，抛开已经获得的成功。

2005年，柳井正提出做大型店铺的计划。所谓的"大型店铺"，从词语概念上来讲，就是要比一般的标准店铺占地面积大。优衣库的标准店占地大约在200坪（约为661平方米），而一家大型店的占地面积可以达到标准店的2.5倍左右，最少也超过500坪。"坪"是日本的计量单位，1坪 = 3.305785 平方米，如此换算下来就会发现，优衣库的一家大型店铺占地面积会达到近2000平方米。这样庞大的数字恐怕会吓退许多想要把优衣库当作学习目标的后来者。

大型店铺中具备足够的空间面积，因此优衣库每一季度的所有商品都可以在店铺中完整地陈列出来。柳井正说："最具有竞争力、最能够表现出新优衣库意图的，只有200～1000坪（约为661～3306平方米）的大型店。"这句话产生的背景正好是柳井正重新执掌优衣库的关键时期。面对之前连年下滑的销售业绩，柳井正希望能够凭借自己的努力迅速扭转这样的现状。既然自己重新坐在了优衣库社长的位置上，就必须要推出立竿见影的改革方式。若是优衣库再重复以往的老路子，那么自己重新出山执掌优衣库的意义就荡然无存，这更会让人开始怀疑自己是不是廉颇老矣。

因此，在所有优衣库员工的期待下，柳井正一手策划的大型店铺重装上阵了。短短几年之后，优衣库大型店铺的销售业绩就占到了所有店铺总和的三成以上。2010年的统计数据显示，2009年优衣库大型店铺的销售总额突破了1兆（10^{12}）日元（约合人民币60.688亿元），成为当仁不让的优衣库领头军。

面对优衣库如火如荼地开张大型店铺的良好形势，很多人存在一个误解，他们认为社长柳井正一直着力开设新的大型店铺，从而会忽略原有店铺的经营状况。但事实上，优衣库不只是在开拓新的大型店铺上着重发力。在旧店铺改造方面，优衣库也会不遗余力地将改革进行到底。

在既有店铺基础上进行改造，从而把其打造成为一家具有大型规模的优衣库新店铺其实并不是一件简单的事情。一方面，在面积拓展上，因为原有店铺的面积已经固定了，有些店铺坐落在市中心，想要横向拓展店铺的面积是完全不可能的。因此，优衣库的员工必须想尽各种办法来使卖场的面积增加。另一方面，重新开张之后的店铺为了和大型店铺的概念相呼应，需要对服务人员的所有旧观念进行矫正，以适应一系列的新变化。

最成功的一次改造活动当属东京的银座店。银座店是2005年10月份开张的，当时的经营面积就已经达到了450坪（约为1490平方米）。因此，改造过程中增加营业面积便是不需要再去考虑的问题了。但柳井正为了打造出优衣库的品牌形象，毅然下令把原先450坪经营面积的银座店改为具有700坪经营面积的超大型店铺。整整扩张了近一倍的银座店重新开业后，迅销公司为了把其打造成优衣库的形象店也倾注了极大的心血。优衣库把和自身具有合作关系的"Cabin"品牌的主力品"ZAZIE"和"enraciné"专柜作为主打展示了出来，柳井正希望银座店能够把优衣库旗下子品牌的魅力散发出来。

柳井正一直认为银座店的改造是自己和优衣库的大突破，这一举动彻底突破了优衣库以郊区店面作为形象工程和以"廉价"为手段的促销方式。并且，因为旗下子品牌的知名度和银座店的店铺位置，优衣库一举跃居成为日本时尚潮流的新指标。东京银座是全日本最好商品的集散地，出现在这里的优衣库再也不是简单的"廉价仓库"了。

因为银座的租金很高，要承担如此高的运营成本，就需要优衣库在价格和服务上都更上一层楼。

有人说银座店"只具有宣传价值，店铺本身却是赔钱货"。这样不讨好的事情，优衣库当然从来不会去做。虽然坐落在银座，但优衣库里售卖的商品价格绝对不能够比其他品牌高，这是优衣库之所以还叫优衣库的根本原因所在。这就要求银座店必须要具有强大的销售量才能够维持住基本运营。柳井正提出了让银座店以吸引女性消费者为主的新理念，因此，银座店也是为数不多的以女性商品为诉求的优衣库店面之一，毕竟，在银座逛商场的人群还是以女性居多，只有改变经营方式，才能确保银座店的改革是完全成功的。

女性群体中具有的超级购买力正是优衣库银座店改变形象的原因所在，而超级店铺的存在也正是为了满足更多顾客更多需求的购物目标而设置的。但不同的顾客群体有不同的需求，不同地区的消费者消费方式也千差万别，单单想以大型店铺囊括所有人的喜好显然不是最人性化的考虑。为此，优衣库适时推出了分门别类的小型店，以期满足更多人的喜好。

当有人问柳井正："你的每一步举动，都会引来业界的一片质疑，质疑声中，你会考虑自己成功的概率有多大吗？"柳井正说："在创造的世界里，统计数字不足以代表什么，重要的是热情与原创者的意志力。"

从小型店铺到大型店铺看似只是店铺面积上的改变，但能够做出这一步决策绝对不仅仅是表面看到的这样简单，这需要经营者有放眼世界的谋略，同时也有否定过去的成功、迈向一个未知数的果敢。如果没有这种不断否定自己的勇气，柳井正又怎能将一家年销售额不满一亿日元的西装店经营成年销售额几千亿日元的全球知名企业，又怎么能将一家只有十几坪的小店经营成上千坪的超级店铺呢？

切勿迷失在成功中

柳井正认为："一个事业成功的领导者，能够认清自己的优劣势，时时检视自己的思维，实属不易。"中国有句古语是："智者千虑，必有一失。"柳井正借用此语，变为"智者十失，方有一得"。因为这位"经营之神"也是"走过来"的普通人，所以他的成功与失败才更可信。他不畏惧失败，在失败中能看到成功的胚芽，他的经验是劝告，也是成功之道。

关于创业的原始积累阶段，柳井正表示，在刚刚创业的阶段，因为必须先赚到钱，所以经营者往往一股脑地疲于奔命。每天都被现实的、事务性的工作包围，基本上没有很多的思索，就这样实际地做过来了。但是事业发展到一定阶段，如果依然不把追求卓越、突破自我当作经营信条的话，就会被市场的大锤无情打击。他经常拿日本的索尼公司做例子，告诫自己要引以为戒。

日本著名的索尼公司其业绩一直处在行业前列。可在2007年，索尼的营业净利大幅度萎缩，被同行的三星公司、苹果公司大大赶超！索尼公司突然从"高峰"坠下，其中很重要的一点，在于索尼太习惯成功了，总认为自己的技术是"最好"的。正是这个"最"字给索尼走下坡路埋下了隐患。

索尼前任CEO出井伸之曾经带领公司凭借一流的技术、出色的管理，在本行业内遥遥领先。此后很多年，"索尼""出井伸之"似乎成了"成功""一流""卓越"的代名词。这样一来，索尼公司的管理者们也觉得自己的公司拥有"最好"的技术、"最好"的管理、"最好"的经营模式，可以在市场中牢牢站稳脚跟。

事实上，身为经营者，应该从中发现问题。遗憾的是，这并没有引起索尼领导者的重视，他们仍然认为自己生产的电视机是"最好"的，是未来市场的引领者。这使得索尼丢失了很大的市场份额，造成了巨大的经济损失。

优衣库也曾像索尼一样，一度迷失在所谓的成功中。摇粒绒的热卖曾让柳井正认为优衣库已经走上了巅峰，因此在2000年秋冬新品发布会上，很多媒体照例问询公司在未结束的一年里还会有什么新产品上市时，柳井正大声回答道："我们不会再有什么新产品了，我们今年的目标就是能够让摇粒绒的销量突破1200万件。"当然，这一年摇粒绒的销量历史性地达到了2600万件。

这个销售结果大大超出了柳井正的预期，同时也给优衣库带来了一连串的连锁效应。首先，优衣库因为摇粒绒一夜之间成为日本家喻户晓的企业；其次，柳井正因此在服装产业及经济界得到了一定的认知度；第三，吸引了很多优秀的人才加入了优衣库中；最后，摇粒绒的成功使优衣库在开发新店时比过去容易了许多。种种迹象都指向了一个结果，那就是优衣库成功了。

这是一件可喜可贺的事情，但同时也是一件可怕的事情。因为经营者往往会因为一次的成功就对市场的认知产生偏差，甚至是错觉。柳井正放弃了研发新的产品，而将全部希望寄托在摇粒绒持续热卖上，就是在这种"成功"之中，产生了错误的认知。

由于优衣库长时间没有新产品上市，导致来店购物的消费者大多都是冲着低价摇粒绒来的，然后顺便买一些其他的商品，好似优衣库只是贩卖摇粒绒的店铺一样。这对于常穿优衣库服装的人对这样一成不变的销售状态产生了极大的不满。因为没有人愿意一出门就碰到和自己穿着一样衣服的人，这和优衣库"引领时尚消费"的口号完全不符。优衣库长久以来坚持的创新和改变的理念，已经被"摇粒绒效应"冲击得荡然无存。

任何事情的发展规律都像一条抛物线一样，达到一个顶峰后必定会出现下滑的趋势。本该迎来企业高速发展、变革的优衣库因为摇粒绒产生的负效应，反而出现了下滑的趋势。企业内部的人员纷纷出现了保守、不思进取的现象，大家都误以为经营开始变得简单，只需要及时上货就可以了。优衣库正是因此失去了发展的良机，用了很长一段时间才从这段低迷中走出来。

经营者不能陶醉在小小的成功里。有些经营者会对原本并没有什么了不得的成功产生错觉，觉得自己做了一件相当伟大的事情而沾沾自喜。还有些经营者即便取得了相当的成功，但却不知接下去该做什么，迷失了方向。柳井正常说"成功一日就可舍弃"，不仅意味着危机感，也意味着"忘记背后，努力面前"。

柳井正认为，过分地沉浸于所谓的短暂成功表象，就会失去创新精神，与其说这是安定所带来的平和心态，倒不如说是人们对成功产生的错觉。误认为自己成功的人，其所谓的成功完全是一个明显的失败。因为世上没有绝对的成功和失败，能从失败中走出来就是成功，一直沉迷在成功中就是失败。

反思中，寻新路

企业在发展的每一个阶段都需要一些新的起点与战略目标，否则在企业进一步扩大的过程中，所谓的变革与进步就会变成一种简单的复制。柳井正二度回归优衣库后成为各大媒体关注的焦点，媒体不约而同地向柳井正抛出这样一个问题："出于什么考虑，您回归总经理一职？"柳井正的回答简单中耐人深思："我这次回来，是紧急避难的一项举措。"

而这个举措实施的背后，是柳井正在20年总经理职位上养成的冷静思考的结果使然。柳井正深知重新面对似曾相识的工作职位会有多辛苦和艰难，但为了改变优衣库的停滞状态，必须拓展新路。优衣库的发展从建立之初到现在，从最初的辛苦蹒跚状态开始奔跑，而奔跑中的管理层队伍却呈现出自我满足的安乐状态，好比这个冲刺是为了成为日本第一而不是全球第一，所以管理层呈现出了满足于现有经营水平的瓶颈状态。

柳井正对此发自内心感到恐惧，他无法指望这样的"超级团队"能够进军国际市场。彻夜不眠中，他努力寻找改变现状的方法，他意识到经营者和干部自身必须不断地自觉地进行自我改变，才能带领公司变革和发展。

2005年9月，回归总经理岗位的柳井正清空所有过去的老经验，重新学习经营常识，设计全新的经营方案。而在回归前就已经初步拟定的、全新的带有反思意味的布局方案只能"看上去很美"——柳井正自己坐镇日本本土，堂前在美国，玉塚在欧洲，三位总经理三足鼎立，把优衣库带入全球化企业的轨道，这一绝对大格局视野的战略部署因玉塚的辞职最终破产。

正所谓"一波未平，另波又起"，几个年轻的高层领导因为诸种原因也相继辞职，这让柳井正不禁感叹：从零开始，将年轻人培养成羽翼丰满的雄鹰、真正意义上的经营者，实在不易。

从平凡到优秀不难，而从优秀到卓越的确很难逾越。一个面对风云变化的商业环境却知道如何把控好自我跑步节奏的经营者之所以很难寻找或培养，是因为要求这样的管理型人才需要具有绝对客观理智判断新事物的能力，能够对公司未来发展宏图予以描绘、实施。现实的情况往往是：当一个常规的管理者被赋予一定级别的经营、管理实权时，他的思维会日渐寻求安定而胆怯甚至麻木于创新和反思，进而在原定状态中不断踏步却无法驰骋。

如今，这样的局面摆在柳井正面前：刚刚回归就需要快速进入紧急状态。既然自己无法在短期培养自己期望的卓越经营者或者说没有这个能力培养，就只有自己先挑起这个大梁，带领更多的年轻人一起朝着目标奔跑吧。

在回归优衣库后的两个月，柳井正为进一步强化优衣库业务水准并在提升基础上扩展新领域业务，大胆地将控股公司迅销和业务公司优衣库分开，将优衣库作为迅销旗下的一个专事优衣库业务的子公司，与ONEZONE及COMPTOIR DES COTONNIERS等服装关联事业的子公司并列。

在人事管理制度上，柳井正认为必须根据实际情况灵活调整，不能用一刀切的方法实施用人方式。他大胆采用委任型执行董事制度，逐一任命了迅销的经营者和下面各个业务子公司的经营者。根据情况不同，有的管理层干部采用内部提拔方式，有的则聘用各个不同领域的佼佼者。

但是即使这样，三年刚过四年不到的光景，委任聘用的执行董事也先后离开了，依然无法从根本上解决卓越管理者的断层问题。优衣库的一线员工到中层管理人员一直稳如磐石，他们持续地在各自岗位上发挥着各自的热情，但再上一层的高层管理团队则始终像流水的兵一样，无法长期稳固，这个问题严重困扰着柳井正。

他再一次开始反思自己的经营问题，是自己的初衷设定错误吗？最初，为了顺利推进委任型执行董事制度，柳井正和这些执行董事们商量新的经营方式：柳井正并不直接下指令给优衣库的各个门市现场，而是由各自执行董事根据实际情况进行调控。这些董事与柳井正订立年度任务承包责任书，责任内容包括年度的工作任务、承包的范围和项目、经营的量化指标等。

这样做的目的是充分发挥执行董事各自的专长，增强他们的责任感和业务处理的效率等。随着时间的流逝，这些初衷却并未奏效，而是走向了相反的方向，各个部门业绩平平甚至倒退。柳井正决定亲临现场，看看经由董事负责这种方式到底给下面的部门带来了怎样的化学反应。从生产部门开始，柳井正对商品采购、研发、市场营销部门、经营管理部门、营业部门以及各个门市都一一做了考察和确认。

在和现场实际负责人充分交流意见后，柳井正终于找到了问题的症结所在。优衣库规模的扩大使其像一只不断疯长的大象，各个大腿已经不能灵活互动、相互配合，完成基本的走路目的。各个部门各自为战，俨然一个个独立运作但从不过问其他部门死活的"小公司"。

由此形成的后果就是：部下以向上司汇报工作为核心任务，脱离了根本的生产第一线和销售第一线，也就根本脱离了优衣库最应具备的"现场"工作风格。各个部门领导以董事的工作作风为"表率"，高层管理者养尊处优，不会从根本上关心前沿阵地的真实情况，工作业绩也愈发一落千丈。

反思不是一条直线，而是螺旋上升的过程，它可以慢慢带给经营者智慧，让经营者从一次次跌倒中再一次次爬起，从失败中吸取教训；每一次冲破旧的思维和行为模式并非意味着前途平坦，而是新起点和新挑战。柳井正在反思过往的过程中，寻求到了企业发展的新道路，这段经历用波歇·尼尔森的一首诗《人生的五个短章》来说明，恰如其分：

第一章
我走上街，
人行道上有一个深洞，
我掉了进去。
我迷失了……我很无助。
这不是我的错，
费了好大的劲才爬出来。

第二章
我走上同一条街，
人行道上有一个深洞，
我假装没看到，
还是掉了进去。
我不能相信我居然会掉在同样的地方。
但这不是我的错，

我还是花了很长的时间才爬出来。

第三章
我走上同一条街。
人行道上有一个深洞，
我看到它在那儿、
但仍然掉了进去……这是一种习惯了。
我的眼睛睁开着，
我知道我在哪儿。
这是我的错。
我立刻爬了出来。

第四章
我走上同一条街，
人行道上有一个深洞，
我绕道而过。

第五章
我走上另一条街。

优衣库的减法哲学

很多时候，为了让自己的产品能够更吸引眼球，设计者往往会在产品上添加许多东西，并美其名曰"包装"。几乎全球的制造商都很注重这一点，尤其是对于产品本身并没有什么出彩之处时，精心包装一下能够立刻让产品价值更上一层楼。

但是优衣库却走上了一条相反的道路，优衣库的设计总监佐藤可士和认为：要掌握对象事物的本质，再加以强化、研磨，而不是在事物本质上添加其他多余的想法。应善于利用加减法，来让事物的本质更加纯真、自然。柳井正也将这种理念运用在了优衣库的经营当中。

尽管摇粒绒服饰一度成了优衣库的救命稻草，但在原宿店开业的宣传期并没有铺天盖地地去宣扬摇粒绒服饰的种种好处。在平面广告上，优衣库只是简单地打出了"摇粒绒，1900日元"的标语。没有更多更详尽的产品介绍，没有店铺的说明，也没有销售期限的标注，这样的平面广告简洁得让人猜不透柳井正到底要玩什么心思。

这样的广告手法其实恰恰暗合了佐藤可士和为优衣库量身定做的"减法哲学"。虽然当时佐藤可士和与优衣库之间还没有任何合作关系，但这就像提前为两者之间的合作埋下伏笔一样，别出心裁的"减法"广告设计反倒给优衣库的原宿店引来大量顾客。

"掌握事物的本质再加以强化，让事物的本质更加纯真、自然。"这是佐藤可士和"减法哲学"的核心内容。而在优衣库摇粒绒服饰的款式设计上也可以很明显地看出其"减法哲学"的应用。在选购摇粒绒服饰的时候，许多人惊讶地发现这些衣服在外观上似乎都一样。摇粒绒有强大的御寒功能，在外观上舍去了一些设计元素之后，让这种服装以最简单、朴素的方式呈现在消费者面前。

针对消费者的疑问，柳井正再一次重申自己的信念："只有商品的本质，才能让人感动"。摇粒绒服装的出发理念是保暖御寒，优衣库之所以没有在摇粒绒的款式上做过多的设计，是因为柳井正不想让这样一款优秀的服装被所谓的"潮流"牵着鼻子走。在纷繁的潮流中想要保持住最根本的朴素并不是一件容易的事情，但只有坚守阵地，才能让消费者不但穿得上摇粒绒的服饰，还可以把自己购买的摇粒绒服装与其他服装搭配起来。

优衣库在销售摇粒绒服饰的过程中始终没有放弃摇粒绒是用来保暖的这一基本概念，正是因为其简洁的设计才让摇粒绒服饰在长达数年的时间里都不会显得过时。这从另一个侧面为消费者省下了不少购物资金。毕竟，人们购买了一件摇粒绒服饰后也就没有必要再每年都买进同一款式的衣服了。穿衣服的人是永远的主角，凡是有利于消费者的一切措施柳井正都愿意去尝试。因为他明白，只有满足了消费者的购物需求，让"上帝"真正满意，才能让优衣库有可持续发展的轨迹可循。

摇粒绒服饰能够让优衣库在全日本掀起一股红色旋风，靠的是商品质量有足够保证，并且价钱突破了人们心理预期值底线的策略。把原本属于登山和滑雪专用服装材料的摇粒绒转变成人们常见的休闲服饰并不算是超理念，但出乎意料的宣传手法和款式设计却起到了刻意强调摇粒绒服饰御寒特点的作用。

就如佐藤可士和所说："透过整理暧昧不明的情况，才能更深入问题的核心，找出新的价值观。接着才能利用设计，解决客户的问题并且传达新价值观。"因此，佐藤对优衣库的服装设计进行了最大的减法。他去掉了服装上所有繁杂的东西，甚至连优衣库的标志都不容易寻找到。

佐藤想要强调的是：优衣库并不是快餐产品，并不是贩卖各种时尚元素的媒介，优衣库的衣服应该是顾客购买回去的零配件，只要顾客喜欢，就可以用它们随便组合出自己身上的服装款式。佐藤这样解释说："我们只是提供一些对象，让消费者自由地组合、创造，它代表的是日本文化，一种简单却包含快乐的力量。"

优衣库的主营范围是休闲服饰，对成衣的要求是单纯明快。优衣库要做的就是倡导流行和时尚，从而激发出每一个穿衣者本身的个人魅力。只有当穿衣者真正的个性和魅力被服饰激发出来的时候，才是实现服饰价值的时候。

Chapter 7
创新者最好的习惯是思考

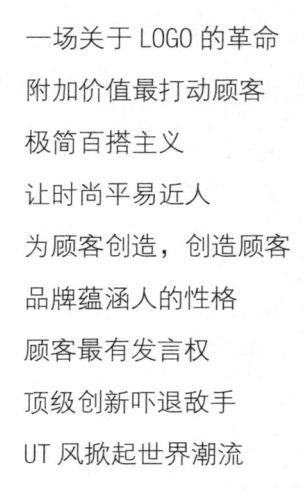

一场关于 LOGO 的革命

附加价值最打动顾客

极简百搭主义

让时尚平易近人

为顾客创造，创造顾客

品牌蕴涵人的性格

顾客最有发言权

顶级创新吓退敌手

UT 风掀起世界潮流

一场关于LOGO的革命

  企业的LOGO并不只是为了让顾客记住该公司的形象,企业通过这一特殊的标志往往希望传达出更多的内容。作为现代经济产物的LOGO,起源于希腊语Logos,有"理念"的意思。

  不同于古代的商铺印记,现代LOGO还承载着企业的无形资产,是把与一家企业有关的综合信息传递给消费者的有效媒介。同时,一个标志也是企业在形象传递过程中应用最广泛、出现频率最高,同时也是最关键的要素。一家企业的整体实力、完善的管理机制、优质的产品和服务都被涵盖于标志中,通过不断刺激和反复刻画,深深地留在受众心中。

  柳井正当然明白这一点,所以在优衣库LOGO的选择上他必须求得与众不同并且直抵人心。在柳井正进入家族经营的小郡商事第12个年头的时候,他开始寻求变革。不断精益求精的柳井正提出了

"Unique Clothing Warehouse"理念，为了这个新的经营模式，他找到设计公司为优衣库设计出一个既能传达出公司的理念同时又能够让人印象深刻的标志，从而让人们更好地理解"优衣库"这一拗口的英文名字及其经营理念的内涵。

设计师巧妙地在两个单词之间加上了一个间隔号，一长串英文字母就变成了"UNI·CLO"，意思是用间隔号来区分"Unique"和"Clothing"。1988年，柳井正来到自由贸易港口香港，想在这里注册成立香港分公司，但因为注册时中方办理商标注册的工作人员错把"UNI·CLO"中的"C"写成了"Q"，"UNI·CLO"就变成了"UNI·QLO"。这个意外让柳井正感到大为惊喜，他顺手把LOGO中的间隔号也去掉了，这样一来，优衣库LOGO的几个英文字母看起来就清爽了不少。从此将错就错，整个日本的优衣库店铺也全都换上了新的标志形象。

在设计新LOGO的时候，柳井正为了找到一个"志同道合"的设计师可谓是煞费苦心。佐藤可士和在日本有着"创造营利设计魔术师"的美称，他曾为SMAP、明治大学、麒麟啤酒等知名的企业进行过设计工作，柳井正看中的是佐藤以极致的严谨、高效率和精确完成客户要求的行事风格。而佐藤主张进行"思考模式的实体化探索"的设计方式也有别于日本国内的其他设计师，设计工作不断激发着佐藤的灵感。

佐藤认为："创意总监＝医生，设计＝处方。"在他的设计理念中，设计工作就像是病人到医院去看病一样，客户就是病人，设计师就是医生。医生需要根据病人的具体病情对症下药，设计师则要在客户提出自己的要求之后利用一切可能的设计手法和设计概念来解决问题。客户第一的工作方式让柳井正觉得自己首先受到了尊重，当他把优衣库LOGO的设计重任交到佐藤手中时，也自然会放下不必要的担心。

在接下优衣库的设计总监一职的任务之后，佐藤要做的第一件事情就是重新规划优衣库的LOGO。当时优衣库在日本已经具备相当的知名度，但是因为不但要考虑到日本顾客的购物习惯，还要向海外市场展现出优衣库作为一个全新的跨国企业所具备的软实力，佐藤在综合思考优衣库新的LOGO时发现一个意外的秘密，原来优衣库的"UNIQLO"几个字母并不是一成不变的，除了在香港注册分公司名字的那次意外改变之外，优衣库标志的底色从创业时的酒红色变成了他接手时的胭脂红，几个字母的字体也变得比原先纤细不少。对此，柳井正把这些变化解释为"一切都是在不知不觉中发生的改变"。

不管是出于什么样的原因，优衣库LOGO的改变意味着从开始直至当下，其随着时代的变迁也在逐渐改变。佐藤认为，想要让优衣库从东京走向全世界，就要让优衣库打上深深的日本烙印，只有民族的才是世界的。

直到优衣库的新标志新鲜出炉，佐藤仍一直坚持着自己的想法。他保留了原LOGO四方形的造型，把底色从暗红色变成了纯红，字体仅仅只保留了骨架。佐藤解释说："（白色和红色）这是日本国旗的颜色，目的就是让全世界都知道优衣库是日本成衣界的代表，这便可以彰显优衣库的存在价值。"

新LOGO的字体也变得更细，让人从视觉上感觉到更加洗练和现代化。在33∶20的长方形LOGO中，用占据更宽比例的方式来表达UNIQLO的自信。如果不仔细看，人们或许并不能看出新标志有哪些特别之处。但是在潜意识中，大家普遍认为新LOGO更具时尚感，"UNIQLO＝便宜货"的负面评价也随着新标志的面世逐渐得到转变。

为了彰显优衣库的日本风，佐藤可士还做出了一个纯日文的片假名"ユニワロ"。尽管有人提出佐藤的做法根本没有考虑到海外的消费者，但柳井正却十分支持佐藤的这一做法，他说："就算外国人看不懂，这个设计也能够显出优衣库的本质，我相信它一定能够在海外释放出强烈的魅力。"

优衣库新的LOGO第一次出现在海外市场，是2006年11月纽约旗舰店开张的时候，当时的美国媒体称他们从这个LOGO上看到了日本国旗的形象，以及"前所未有"的张扬。这正好是佐藤想要达到的效果。优衣库的做法彻底改变了日本企业在欧美市场一贯低调的作风，纽约店在开张的时候还打出了"From Tokyo to New York"的口号，柳井正就是要大张旗鼓地告诉美国人优衣库是从日本来的。

纽约旗舰店一举走红，海外市场从此开始转向。佐藤马上为迅销公司设计了一款新的企业识别标志。这款标志整体上是一块割成三块的纯红色的倒三角，柳井正很满意这个设计，他觉得优衣库所蕴含的"向上爬升""尖锐"的感觉都被这款标志体现出来了。

从LOGO的改变到整个公司标志的设计，柳井正和佐藤携手开创了优衣库的全新形象。对优衣库来说，不断思考无疑是个好习惯。只要是能够正确传达出经营理念的方式，相信柳井正始终愿意带领优衣库去进行新的尝试。

附加价值最打动顾客

　　商品本身的高品质是销售的基础，让消费者在高品质的基础上能够对其趋之若鹜，还需要其他更多附加信息的介入。对企业来说，满足顾客的需求是从它诞生那一天就要开始肩负的使命。因此，一直以来柳井正都在思考，怎样才能更大程度地满足顾客的需求。

　　第一家店开业的时候，因为前来购物的顾客实在太多，而店铺根本没有那么大的容积量，每天早晨，店铺门前都会排起长长的队伍。优衣库给排队的顾客派送牛奶和面包的举动一时俘获了许多消费者的心。柳井正采取的是攻人攻心的手段，简简单单的牛奶加面包策略，让附加在优衣库服装上的潜在值成为顾客选取优衣库的最大诱导因素。

　　柳井正在考虑优衣库产品的附加值。所谓附加值，是指在产品原有价值的基础上，通过生产过程中有效劳动新创造的价值，简单说就是附加在产品原有价值上的新价值。价格是价值的直接体现，然而优衣库已经打破了"便宜没好货"的谣言，有了质量保证之后，附着在优衣库服装上的各种附加价值就成了体现优衣库企业文化的亮点。

哈佛大学出版的《企业管理百科全书》一书中对"附加价值"的解释如下："附加价值是企业通过生产过程所新增加的价值，或者从企业的销售额中扣除供生产之用及购入的原材料成本，也就是企业的纯生产额。"除去技术、资本、原材料这些概念，在优衣库的服装中，在优衣库店铺的购物体验中，柳井正要传达出的附加价值有很多方面。

给排队的消费者送早餐，是要表达迅销公司体恤消费者的需求；在优衣库每一件服装的标签都被刻意隐去，以起到"百搭"的概念，此举一方面是从消费者的角度出发考虑，另一方面更是优衣库本身经营理念的重申；而走进优衣库店铺后，任何一个消费者永远都不会产生有钱没地方花的感觉，柳井正要求每一个优衣库的店员都是最好的，因此当任何一个顾客有任何需求的时候店员都会尽最大能力来满足。在优衣库，只要顾客进了店铺，就能感觉到自己是真正的"上帝"。

优衣库传递给消费者的概念从来不是生硬的推销，"自由购物"的理念是贯穿始终的。优衣库向顾客保证的是：只要他们进入了店铺，就能找到真正适合自己的并且是自己喜欢的服装。

在竞争如此激烈的商品经济社会中，新商品在上架的同时就会有另一个商品下架，不计其数的各类商品每时每刻摆在消费者面前，等待消费者掏钱消费。服装与任何一种商品一样，也不能指望每一件商品在上架的同时就有消费者排队等候消费。如此残酷的市场竞争状况要求优衣库不断地将每件产品做到最好，并使每一件产品都有其独特的附加价值。

为此，当优衣库在中国内地的分公司开设之后，柳井正的战略思考模式也开始转变。优衣库在和工厂合作的过程中，彼此始终保持着对等的相对紧张的关系，尽管柳井正和迅销公司的全体员工都尽自己最大的努力来确保整个生产过程不会处于同一个企业的掌管之下，以保证产品不会出现质量的问题。但因为迅销公司对所委托的工厂采取了颇为严格的监管措施，这也让他们之间的合作出现了许多不愉快的地方。

所有被委托生产的工厂都感觉到：要面对优衣库，就不能随便敷衍了事。而优衣库的所有员工也明显地体会到：要面对消费者，更不能随便敷衍了事。优衣库在为顾客提供质量最优的产品的同时还在时刻捕捉着顾客的需求，然后针对顾客的需求进行企划、研制、商品开发，在实时推进市场销售的同时，告知顾客这类商品的优点和有关信息，将这个商品的背景全方位、立体式地告诉消费者。

当产品送达到顾客手中时，优衣库还会及时掌握消费者对一件商品的客观评价，再将这些信息作为情报汇总到总部相关部门，然后再次进行新的商品研发。这样的过程使得商品的功能、特征、质地等因素不断变化。

可以说，从生产到销售，再到对每一个进店消费的顾客的服务，生产与销售产品全程的时时处处都充斥着优衣库独有的产品附加值，也让顾客在优衣库体验到了购物的乐趣。

海尔集团CEO张瑞敏认为："一个企业能够提供给用户其他企业提供不了的产品附加值，所以用户才愿意多花钱买这个不同的产品，这是企业在做大规模的同时盈利的途径。"传递适宜的附加信息值，不仅决定了优衣库产品的热销，还令优衣库品牌更大更强，也令迅销集团的发展更加猛健。

极简百搭主义

优衣库在日本拥有超高的人气，以至于日本人几乎人手一件优衣库的服装，本来柳井正以为这代表着优衣库的全民流行风潮，却也给很多人造成了撞衫的尴尬。甚至有的年轻人说，自己在优衣库好不容易淘到一件喜欢的衣服，但第二天穿上街一看，自己竟然和对面老奶奶穿的衣服一模一样。

既然做休闲服饰，目标受众必然以年轻人为主。虽然在优衣库的货架上不论男女老少都能找到适合自己穿的衣服，但优衣库最主要的消费人群还是集中在年轻人身上。那么，从一家传统的经营男士西装店转型而来的休闲服装店铺如何才能获得年轻人的支持呢？随着优衣库全球化进程的日益加快，柳井正所要面对的问题将是如何去迎合世界范围内不同地域的年轻人的不同口味。

其实，答案很简单——"百搭"。简单地说，优衣库的经营理念也是"百搭"——"衣服是服装的零件，组合是消费者的自由"。在开发任何一种新款式的商品之前，都需要首先掌握好消费者的诉求点。一件新款服饰上市之后能否达到预期的销售规模，和商家能否把握好消费者的诉求密切相关。优衣库一直坚持"穿衣服的人才是主角"的生产和设计理念，坚持立足于把握消费诉求这个概念。在舞台上，所有的配角都是用来衬托主角的；在优衣库的舞台上，所有的服装都是配角，它们的任务只有一个，就是衬托出穿衣服的人的性格和气质。

满足顾客的消费需求，才能让店铺逐步走上营业正轨。一个成熟的消费者绝不仅仅关心服装的价格，隐藏在价格背后的是服装的款式、色彩、材质等内容。因此在被问及自己是如何把握消费者百变的口味时，柳井正可以很坦然地给出最佳解答——他说："重视衣服的素材，尤其是素材功能面的开发。"

如此简单的回答，却正是优衣库为什么能够实现"百搭"理念的原因所在。

对"百搭"更通俗的理解就是，一件衣服可以和任意的其他衣服穿搭出不同的效果，以起到"一衣多用"的作用。所以，只要购买了优衣库的服装，就等于省去了购买其他服装来专门搭配的麻烦，如此时尚、省钱的方法自然会得到年轻人的青睐。完全体现出这种理念的事件正是优衣库旗舰店在潮流重地原宿的重新开张。摇粒绒是"百搭"的最好典范，柳井正一直坚持让优衣库的服装只充当消费者"百搭"概念中的"零配件"，但同时也没有放弃对新素材的开发，摇粒绒服饰依旧是最好的例子。

在摇粒绒服饰大获成功之后，优衣库并没有停下开发新素材的脚步。柳井正希望自己的员工能够找出一种新的素材，再加上优衣库惯有的"以低价购买最好的服装"的销售噱头，并且还有摇粒绒服饰在原宿店大获成功的成功经验，如果能够再用新素材掀起一场新的优衣库风潮，将是所有人都希望看到的最好结果。

给优衣库的设计做幕后操盘手的佐藤可士和成功的缘由往往是因为其作品足够简单，因为只有简单并且具有视觉震撼力的作品才能为品牌形象及商品营销提出新的可能性。他说："设计不是一门需要微妙和细腻感觉的艺术。"所以佐藤可士和要"创作大多数人能够明白而且能吸引他们的东西"。秉承极简主义，并且不放弃从顾客的角度去考虑问题，才能创造出符合年轻人潮流的新鲜话题。

佐藤可士和对柳井正说过一句话："优衣库这个品牌就像一个媒体，一定有'只有优衣库才能做的事情'。""只有优衣库才能做的事情"，这句话正在一天天变成现实。

很多人在购买了优衣库的服装后，为了突显个性，往往亲自动手在既有的服装上加入喜欢的元素，将其设计成符合自己个性的新服饰。这种DIY优衣库服装的热潮迅速在全日本风靡开来，甚至一度形成了"改装优衣库"现象。一些喜欢对衣服进行个人二次加工的爱好者们还成立了"改装·优衣库俱乐部"，他们将买来的优衣库服装配上蕾丝、花边等配料，以寻求符合自己审美的时尚概念。

J-CAST新闻曾经在2009年1月27日就流行服饰热点话题《穿"优衣库"会感到害羞吗？》做过专题报道，报道中鲜明地指出作为日本国民品牌的优衣库存在撞衫问题。报道的最后还刊载了一些民众对这件事情的看法和建议：

"服装的大量生产必然会造成撞衫现象，所以问题在于是选择衣服样式的唯一性还是选择衣服的生产量。如果顾客不喜欢被撞衫，那么自己改装一下衣服样式那也未尝不可。"

"购买者可以通过购买'优衣库'添加自己喜爱的元素，不但可以减少撞衫，还可以发挥创造力，增加衣服价值。"

也有些网友看到报道之后，在自己的博客或者论坛里贴出自己改装优衣库服装的妙招：

"我将一件朴素的优衣库派克式外衣装饰上了花300日元买的毛革带子，只用了5分钟就改装成一件新衣服，再也不用担心和别人撞衫了。"

"我在网上购买了优衣库婴儿服，自己将100日元的布制图案装饰上去，既便宜又实用。"

这是柳井正不曾预想到的事情，但如果能够让优衣库的服装尽最大的可能为消费者的审美服务，不正是实现了"优衣库服装只是零配件"的目标吗？优衣库DIY流行风的盛行，一方面是因为优衣库服装的确便宜，即便剪坏了也不心疼；另一方面，这样的行为恰恰说明了"百搭"概念的成功，无疑是优衣库一次意想不到的软广告。

优衣库创新的脚步从未停止过。摇粒绒服饰的热潮终会过去，如果优衣库想要继续保持日本国民品牌的名号，就必须要开创出一种全新的替代商品。这只是时间的问题。柳井正说："优衣库曾经创造过'摇粒绒热潮'，不过我们可不能因此满足，因为凡事一定会有因果。当热潮开始，就要想着热潮结束，我们必须往下一步走。"此时的优衣库也开始面临另一个难题。

自从摇粒绒的热潮逐渐褪去之后，迅销公司的年销售量开始下滑。公司的业绩在2001年8月份的时候还能够实现4185亿日元，利润有1032亿日元。可是在一连串萎靡不振的销售业绩后，营业额的数字变成了3839亿日元，利润收入也只有原先的一半，变成了586亿日元。

"优衣库，只做服装的零配件。"这句话似乎不再适应当下的现实了。曾经创下摇粒绒令人难以置信的辉煌的优衣库会不会从此倒下，似乎成为一个谜。过多重复以往的成功和长时间的一成不变，让优衣库几乎成为固执和呆板的代名词。

一家企业如果长久地以自己的经营思路去维持运营而完全忽略了消费者消费理念的变动，就一定会被时代远远地甩在身后。纵然现在具备强大的实力和后盾，也不可能永远和众多顾客拥有的消费力相抗衡。企业一旦和消费者之间的距离变得疏远，就会被远远落下。想要重新起飞，需要的不仅仅是勇气和谋略，更是敏锐的时尚嗅觉和稍纵即逝的时机。

让时尚平易近人

每年,时尚服装界都会在时尚之都巴黎举行时装周。在T型台上,模特们穿着设计师当季贡献出来的心血之作接受来自世界各地的闪光灯的检验。然而,有人会提出疑问,这些模特们所穿的衣服真的能够穿上大街穿进办公室吗?

答案显然是否定的。

时尚的最初定义是,在特定的时段内率先由少数人实验,后来将为社会大众所崇尚和仿效的生活样式。在柳井正的理念中,时尚的概念应该更集中在该定义的后半句,时尚只有被大众所接受和追捧,才能称之为有价值、有意义的时尚。时尚涉及生活的各个方面,如衣着打扮、饮食、出行、居住,甚至情感表达与思考方式等。

诚然,每个人对时尚的理解概不相同,而时尚本身就是一个包罗万象的概念。但归根结底,有关时尚的讨论会被唯一的论断所终结,那就是时尚带给人们的是一种愉悦的心情和优雅、纯粹与不凡感受,赋予人们不同的气质和韵味,体现不凡的生活品位,精致、彰显个性。人们因为追求时尚而使自己看起来更美丽,使自己的生活更加美好。尽管流行趋势不断更替，琳琅满目的时尚饰品也总是让人耳目一新，但关于时尚的期待永远不会变。

柳井正正是抓住了时尚最终的概念，才在优衣库服装的制造上力图达到让每一个穿上优衣库服装的人都有着愉悦的体验。柳井正时时都在关注着巴黎、伦敦、纽约等城市的最新潮流资讯。在他看来，只有不断学习，才能让优衣库的服装不断创新，从而不至于被时尚潮流落下太远。柳井正可以准确地判断出下一季的流行趋势，基于"百搭"概念，优衣库甚至可以用简单的一件T恤和一件夹克就能掀起新一轮的流行热潮。

有了这样一位对流行有着不老之心的人带领着，优衣库想要掀起流行风，从来都不是天方夜谭。

在优衣库服装设计的过程中，所有的设计师们有时还包括柳井正自己在内，他们都不是只看看各大潮流都市的时装周就决定自己下一季的设计风格。优衣库和世界各地的独立音乐厂商、设计师、艺术家都有着密切而广泛的合作。柳井正告诉自己，优衣库要做的事情是将一件简单的T恤变成艺术品，让看似最普通的衣服成为最令人期待的同时也是每个人都能够买得起的收藏品。

柳井正曾在接受CNN采访时建议女记者去买一条宽松牛仔裤，"上一季的修身、紧身牛仔裤已经不流行了"。女记者当时很惊讶，柳井正只是报以简单的一笑。对他来说，想要去指导一个人的穿衣品位实在太简单了。他甚至还在现场推销起了优衣库的羊绒连衣裙，他说："这可能会是今年秋冬最流行的单品，我建议你最好去买一件。"

然而，柳井正也知道，自己对设计和流行即便了解得再深刻，也永远都是门外汉。天外有天人外有人，懂得向他人求教才是使优衣库不断进步的根源。没有人知道柳井正用什么方法把吉尔·桑达——因不满老东家普拉达（PRADA，1913年在米兰创建的意大利奢侈品牌）而从时装界隐退的设计女王——请出了山。吉尔·桑达向来以设计简洁著称，当她重新回到时尚界并且成为优衣库的创意总监的消息一经公开，迅销公司的股价当天就上涨了8.6%。柳井正这次走了一招十分微妙的棋子，只要有吉尔·桑达坐镇，优衣库的服装就会永远站在流行的前沿，再不会有"优衣库是卖爷爷奶奶穿的衣服"的声音出现了。

同时，为了捕捉到最新的流行趋势，优衣库还在东京、纽约、巴黎和米兰等时尚重地设立了研发中心。他们的主要任务就是找出下一季会流行的元素，然后在此基础上研发新产品。

吉尔·桑达的设计理念和优衣库的经营理念不谋而合，再加上柳井正对时尚和流行元素的敏感性，优衣库终于在国际市场上敢于向两大竞争对手ZARA和H&M叫板了。在设计界，极简主义一向不愁没有追随者，但是很少有设计师能够像吉尔·桑达那样将其作为一种艺术并且细细研究。她说："时尚最重要的是其连续性，女人们渴望自己能够信任、依赖某些事物。"优衣库把吉尔·桑达招至麾下，等于给自己确定了具有连续性的长达数年的时尚潮流路线。

吉尔·桑达为优衣库设计的服装不是以前那种面向高端顾客的风格，她推出的名为"J+"的男女服装系列以高质量和高品位成功地把优衣库的品牌推向了一个更高的高度。虽然许多人诧异吉尔·桑达和优衣库的合作，因为他们两者之间的风格看似完全不搭调，但吉尔·桑达却说能够重回时装界让她兴奋不已。优衣库更因为能够得到她的设计而显著提升了自身的品牌形象，优衣库的顾客甚至因为用低廉的价钱穿上了吉尔·桑达设计的衣服而沾沾自喜。

更为难得的是，优衣库虽然也引领起了一股穿衣的风潮，但其并没有用限量版等招人眼球的手段来推高衣服的价格。优衣库的每一款摇粒绒服装都有同样的材质不同的款式设计可供选择，其不但有着令消费者休闲而舒适的穿衣体验，而且有低廉的价格和质量保证，不论是休闲在家还是在办公室工作，该款式的摇粒绒都能和环境很好地搭配起来。

款式不夸张，却可以用色彩和图案来吸引眼球。这是优衣库的时尚新概念，也是优衣库正在探索的一条适合年轻人消费品位的道路。但时尚每一天都在改变，优衣库人从不会放下让时尚平易近人的概念，只有一直将"平易近人"理念坚持下去，才能将独属于优衣库的风格呈现出来。

为顾客创造，创造顾客

最初，人们对优衣库的概念是"这是一个贩卖平价休闲服饰的企业"。尽管避免不了这样的错误定义，但柳井正从来没有因此而懊恼过。他说："在平价销售之前，制作好的商品，让各式各样的人愿意花钱购买，才是优衣库最根本的理念。"从这句话中可以看出，虽然是低价销售，但优衣库追求的永远是高品质的衣服，低价只是吸引消费者进店的噱头，并且正是因为具备了低价的实力，才让优衣库的服装敢于以让常人跌破眼镜的价格上市销售。

站在消费者的角度去考虑经营战略是每一个企业都应做到的姿态。消费者需求的是如何才能够在一家商店里面买到价格便宜并且优质的产品，单纯地以低价作为吸引显然并不是长久之计。企业想要创造出顾客需要的经营战略，就要先考虑自己应该卖什么样的商品，认真思考究竟什么样的商品才能让顾客觉得物有所值。优衣库的成功点在于，其不仅仅把低价和高质量完美地结合在一起，并且还在最短的时间里用最快的速度保证了产品供应。

在如何让消费者进店购物后就能够体验到物超所值的购物乐趣

这一点上，柳井正指出，只要给顾客提供具有附加价值的商品就能够牢牢抓住顾客的心。在柳井正看来，附加价值的定义应该是这样的："创造附加价值，就是做出前所未见的东西来。"要完全首创，并且还要具有唯一性，这所要担任的风险绝不是儿戏。在时尚风潮之下，如果嗅觉够灵敏，很有可能会因此而大赚一笔，如果嗅觉失灵，那么就有因此倾家荡产的可能性。

柳井正把这一经营思路称为"顾客的创造"。顾客是上帝，顾客所主导的市场更应该像是启明星一样指引着优衣库前进的方向。德鲁克曾经说过："企业的目的，通常存在于企业本身以外。"柳井正对这句话的理解是："只把上门的消费者当成目标群体，永远无法创造更多的利益。所以优衣库应该视为目标顾客群的是那些还没上过门的消费者。为了要吸引这些未曾谋面的客人上门，有必要开发出让更多人出现'想要'感觉的商品来。"

这句话完全暴露了柳井正的野心，"已经上门的消费者"就是那些购买过优衣库服装的消费者，柳井正完全有信心凭借优衣库低价高质的服装留住他们的心。此时，他的目标在于那些单纯听过或者没有听过优衣库的人身上。这些人才是潜在的市场，是优衣库应该力图去争取到手的消费力所在。若是能够设法满足这些潜在消费者的需求，优衣库将会开拓的必是一大片新的天空。

同时，在经营优衣库的过程中，柳井正还深深感受到一点：只是给消费者提供价格和质量上的需求并不等同于满足了顾客的消费需求。一个优秀的企业，在了解了潜在顾客之后，还要了解到已有顾客的潜在消费需求。把这些潜在需求商品化就等于是创造出一种符合顾客潜在需求的新商品，在令消费者感到惊讶的同时，才能使其产生愉悦且完美的购物体验。

创造，才是商业竞争中不断增加商品附加价值的最有力的筹码。

继续以优衣库所有产品中具有传奇色彩的摇粒绒服饰为例，其突破消费者预期的低价格和恰到好处的宣传手段都是外在因素，真正起到决定作用的是这种全新的服饰完全满足了消费者对轻薄且保暖服饰的潜在需求。满足第一点之后，再经过丰富的配色和各种款式设计，使得摇粒绒服饰的热卖成为一种必然。

一件新商品的开发不应只站在企业利润的角度去考虑问题。商品最终是要卖给消费者的，只有消费者的使用体验才是新商品应该继续做何种开发的最终导向。设身处地地去思考消费者到底想要什么是至关重要的一件事情。因此，柳井正会一而再，再而三地强调说："在优衣库中，最具有发言权的人不是社长，而是消费者。"因为消费者既是市场，也是自己真正的衣食父母。

柳井正曾说："卖衣服就和铃木一郎（唯一一位连续8场比赛击出安打的日本职业棒球员）的安打纪录一样，一件一件地累积，看起来不起眼，却是最重要的工作。"长时间在商海里摸爬滚打，浸染了过多的商业气息后，很容易让人忘记自己最初的梦想。柳井正不无感慨地回忆说，自己也总是会忘记了当初开店的初衷，当看到今天的成就时总是以为顾客会自己上门来消费。痛定思痛时的柳井正把那些只为了追求股东利益的企业家们称之为"忘记企业使命的经营者"。

每一个企业家都应该有自己的使命。站在资本积累上，没有人会不为自己的利益而奋斗，但企业的自我利益却不能代替消费者的利益。"企业唯一的使命就是提供给消费者需要的商品。"柳井正强调说。这样说似乎有悖于资本主义的立场，并且和公司的基本利益格格不入。但正像柳井正一直坚持的理念一样，优衣库能够不断地研发出新的服装款式、不断地创造出新话题，凭借的唯一指向就是消费者的需求。满足顾客的要求，正是促进企业进步和改变的基点。

经过知名设计师的加工再创造，优衣库在市场的指导下，正在以超越所有人想象的速度日益满足着消费者各种不同的潜在需求。优衣库凭借敏锐的市场观察能力，每一天都在为自己创造着新的顾客群体。

品牌蕴涵人的性格

每一个品牌都必须有与众不同的特性，才能长盛不衰。ZARA和H&M各有特性，优衣库想要突破这两大竞争对手的包围，自然不能在品牌上占下风。柳井正亲口说，自己的品牌既然不能够走ZARA和H&M的路子，那么很明显，摆在优衣库前面的道路就只有两条，一条是选择后退，固守日本市场，另一条则是冒死搏杀出一条独属于优衣库的道路来。

毫无争议的，优衣库自然是选择了第二条。

柳井正在接受美国有线电视新闻网（CNN）《对话亚洲》节目访谈的时候谈道："优衣库没有任何典型的消费群体，我们的目标就是把衣服卖给各式各样的人。"就是不设限，把优衣库品牌的特性真正融入穿过优衣库的每一个消费者的切身体验中。

品牌蕴涵人的性格，什么样的人挑选什么样的衣服。在优衣库的卖场里，消费者能够深深地体会到这一点：

第一，优衣库把所有的顾客同等地看待，不分男女，不分老幼。正是因为出于对男性消费者的尊重，才没有让优衣库变成专营女装的店铺，因此优衣库也就有了更大的市场。

任何去过卖场买衣服的男性都有这样的体验，当陪妻子走进卖场的时候，眼花缭乱的颜色和款式全是女装，男装往往被挤到不起眼的小角落，款式和色彩都是近些年一成不变的。对男士们来说，陪妻子逛街几乎成了一种煎熬。但是在优衣库，这根本就是一个不存在的问题。

走进优衣库的店铺可以看到，男装女装泾渭分明地分开，根本就不存在谁轻谁重的问题。一圈转下来，男士买的衣服有时甚至比女士还多。

在作为休闲服装卖场的优衣库店铺中，人们却常常可以看见上了年纪的老人步履蹒跚地在专心选购。他们不是在为儿孙挑选衣物，而是为他们自己选择喜好的款式。这正体现了优衣库的服务理念：顾客没有界分，老人也是他们的消费者，所以当然也要满足老人的购物需求。

对优衣库来说，顾客的需求就是生命。对前来购物的人来说，购买了优衣库的商品，就等于购买了一份尊重。优衣库作为日本的国民品牌，从穿着优衣库服装的人的性别、年龄等特征上就可以看出它的品牌力量。

第二，优衣库有一个购物体验的弊端，但这个弊端使其和ZARA"制造短缺"的方式如出一辙。

在优衣库，如果你去的时间不对，或者去的店铺并不是品类齐全的店，就很有可能买不到你在广告上看中的款式。如果需要店员帮忙调换，很有可能需要从城市的一端跑到另一端。这样一来，对优衣库的忠实粉丝来说，一旦有新款上市就必定会掀起一次抢购的风潮。但对于一般的购物者来说，难免会存在一丝遗憾。

而网络的发展弥补了优衣库的这一弊端。因为网络的便捷性，只要物流能够抵达的地方就不存在店面差别造成货架上的产品不一致的问题。

对优衣库来说，害怕的不是产生问题，而是缺乏去弥补错误的措施。柳井正很好地避免了这一点，所以优衣库才能有日渐扩展的市场疆域。

第三，把衣服做得大众化，并不等于失去时尚前卫的设计感。优衣库在发展过程中一直坚持着和不同品牌的设计师合作，从而创造出具有两个不同品牌相融合概念的服装款式，例如在优衣库的店铺中能看到印有拥有迪士尼公司授权的米奇老鼠的童装。针对不同的人和不同的品牌展开合作，才是优衣库一直能够对消费者保持足够吸引力的原因。

再加上优衣库一直保持着低价高质的优良传统，其真正做到了让消费者感觉"真的好穿而且真的不贵"的购物体验。

不能忽视的一点是，在优衣库买的衣服总是很难在上面找到优衣库的标签。如此低调行事恰恰是优衣库的另一品牌特性。虽然柳井正在企划着优衣库进军国际市场的蓝图，但优衣库品牌本身的低调态度却一直没有改变。也正是因为这一点，才使"百搭"的概念得以流行起来。一件优衣库的衣服可以搭配任何你喜欢的其他服饰。

不和其他品牌产生正面冲突，用大肚能容之态尽最大可能性保证消费者的购物穿衣喜好，这正是优衣库品牌的中庸之道！

有需求，才有营销，他人之所急即他人之所需求，你能够看到、见到他人的需求，就有可能创造出一个新的行业，你就有可能站在行业的前头，引领行业向前。作为一个敏锐的企业家，应该有敏锐洞察他人需求的能力，没有提前嗅到市场需求的企业是要吃大亏的，微软看到PC机是普通大众的需求，所以开发出面向大众的操作系统，因此获得了巨大的成功，微软的对手没看到，因此没分到这杯羹。

一个敏锐地洞察到别人需求的人可以在创业路上出奇招，可以很低的成本获得创业的成功，一个未开发的领域，在别人看来是不毛之地，因此有机会以低成本获得成功。

顾客最有发言权

优衣库品牌中蕴涵的性格可以简单地概括为：尊重顾客的一切。当任何顾客进店购物，他选择的不是优衣库的服装，而是自己的兴趣和爱好。优衣库懂得，尽管自身是一个服装品牌，但衣服只有穿在了人的身上才有价值。所以，优衣库的品牌价值在于为顾客服务，不同的顾客穿上优衣库的服饰不会因此而泯灭自身的个性。这恰恰是最伟大之处。

所以对优衣库将要生产什么款式的服装，顾客最有发言权。

日本有一个词叫"水物"，这个词经常被用于形容服装销售，意思是说服装业像水一样让人难以捉摸。衣服能不能够大卖，上市前没有人知道。尽管柳井正一直坚持的SPA模式能够在很大程度上降低这种风险，但SPA模式也并不是十全十美的，好在迅销公司从始至终都是SPA模式中的绝对主宰，所以可以继续采用低价销售的模式。

因为优衣库贩卖的是休闲服饰，当被问及什么样的服饰才算是休闲服饰的时候，柳井正回答说："我们设计的衣服是为了配合形形色色的人。只有在日常生活中穿得舒适，不管是男女老少都能够轻松穿出门的，才算是休闲服饰。在这种定义下的衣服，就像可乐、啤酒或是咖啡，和其他的消费性商品没什么两样。"随着优衣库全球化的进程日益加快，柳井正又把自己对休闲服装的定义做了细微的修正。他说："服装不是什么特别的商品，却应该是优秀的工业制品。"

两次对休闲服装下的定义，有两层不一样的意义。

对于第一次的定义来说，柳井正的思想还停留在服装设计、生产是为顾客服务的层次上。只要穿着衣服的人感到满意，就是对优衣库工作的最大认可。此时，顾客处于产业链的最终端，衣服一旦穿在了消费者的身上，就完成了其最终使命。

第二次定义却更上了一层楼。衣服不是什么特别的商品，在柳井正看来，衣服只是一个工业流水线上生产出来的产品而已。这说明，优衣库对顾客的需求了如指掌，只需要开动机器大批量生产就可以了。同时，在这句话的背后，说明衣服并不是设计师手中的样稿，它应该是真正穿在消费者身上的实实在在的物品。好穿不好穿，顾客说了算；穿什么样的衣服，也是顾客说了算。

对于这一阶段的优衣库来说，顾客不再是整个产业链的终端，其身份变成了服装设计和生产制造的参与者。顾客最有发言权，想要满足顾客的需求，就要先征求顾客的意见。

在SPA模式中，最关键的一点在于要随时掌握第一线的消息。顾客恰恰就是消息的来源，把顾客整合到整个模式中，是优衣库在发展的过程中不知不觉实现的事情。为了成功操作SPA模式，柳井正在东京、纽约、巴黎和米兰等地设立了优衣库的研发中心，主要收集这些时尚之都的消费者们传递过来的信息。然后再通过公司的整合，总结当季的流行趋势，根据消费者的不同特性、生活方式和文化差异，设计出不同款式的新服饰。

当优衣库一步步成长为日本国内成功应用SPA模式的典范时，优衣库已经又朝着柳井正心中的理想模式迈进了一步。这一步最大的推动力，正是源于优衣库一直热心服务的对象——全世界的消费者。

顶级创新吓退敌手

从全球范围来看，有无数种产业都处在发展时期，这其中有的是朝阳产业，而有的已经是夕阳产业了。像服装、时装、流通这样的旧产业早已经完全陷入了制度疲劳中，如果经营者继续着被旧常识束缚手脚地经营着，那么就会在这份本就已经不算好的产业中逐渐走向衰败。

柳井正认为，想要在夕阳产业中依旧实现盈利，就需要及时地作出自我否定，努力去改变产业自身，也就是要进行方方面面的创新。但不论从哪一个层面来说，创新从来都不是一件容易的事情。创新意味着要改变，想要出新必然先要推陈，这个过程需要莫大的勇气。创新同时还需要更多的付出，在推动力的作用下改变长久以来经营的惯性。因此，创新是相当危险的一种行为。在创新的路上并不是一分耕耘就有一分收获，失败总是不可预期的事情，选择了创新这条极为不平坦的道路，从另一个侧面证明了柳井正和优衣库的奋斗精神。

优衣库的全名是UNIQUE CLOTHING WAREHOUSE，翻译过来的大致意思是"独一无二的服装仓库"。它的内在含义是指通过摒弃不必要装潢装饰的仓库型店铺，采用超市型的自助购物方式，以合理可信的价格提供顾客所希望的商品。

这家服装仓库的前身是柳井正的父亲柳井等创办的小郡商事。柳井正早年毕业于早稻田大学经济学专业，1972年8月，柳井正进入了家族的西装店——小郡商事工作。每天，柳井正所做的事情就是为顾客丈量尺寸，然后挑选出合适的西装打包好交到顾客手上，然后向顾客深深鞠一个躬。这样的服务让顾客满意了，却让柳井正感到很不舒服因为他认为买卖之间应该是一种平等的交易关系，而不是类似于这种仆人伺候主人的样子。

但是当时几乎所有的服装店都是这样的服务模式，如果柳井正不这样做，只会让他落下"服务不够周到"的骂名。直到1982年，柳井正到美国考察，他发现学生们十分喜欢快速消费，因为他们不愿意将时间花在挑选各种颜色、款式和一些不怎么重要的问题之上。这让柳井正想到了书店和音像制品店那种自助式的经营方式。如果消费者在进店后一眼扫过去就能知道有没有自己喜欢的商品，然后选择随意地购买或是离开，那么不就可以省去许多繁杂的服务环节了吗？这个想法如电光石火般从柳井正的脑海中迸发出来，大受启发的他决定把这种销售方式引入到日本。

然而，让人们接受一种全新的购物方式并不是一件容易的事情。为此，柳井正站在了消费者的角度上，提出了"顾客希望得到自助服务"的理念。1984年，优衣库第一家店铺广岛店开业的当天，柳井正忐忑不安地站在店门口，他做了没有人上门购物的最坏打算，但结果却出乎柳井正的意料。20世纪80年代的日本国内经济早已复苏，并且正在快速走上腾飞之路，人们的生活节奏开始加快，自助的购物方式恰好和人们日渐改变的购物需求相适应。

这样一来，柳井正再也不用在顾客难以作出选择的时候喋喋不休地推荐了，也不用每天恭恭敬敬地鞠着躬迎来送往了。自助，就是让顾客完全依靠自己的能力在店中找到适合自己的服装。能够让顾客在一个更加自由和宽松的购物环境中购物。

此举绝对可以称得上是前无古人后无来者。在解放了顾客的同时，这一举措还解放了店员。在传统的经营模式中，总会听到店员这样抱怨："现在的顾客真的是太难伺候了，如果太顺着顾客，那经营者也太下贱了。"这种抱怨和"顾客就是上帝"的经营信条相背离，却是真实存在的尴尬。柳井正创造出的自由购物的模式不但解决了这一冲突，还彻底改变了日本国内服装销售业的传统经营模式，以自己的创新经营能力吓退了敌手。

因此，当优衣库的服装上架时，因其价格低廉，许多人将其称为"无论何时都能够随意挑选服装的大仓库"。也正是因为这些令人大吃一惊的新的销售模式，优衣库从此以"独特、服装、仓库"这几个关键词，在前来购物的消费者心中留下了与众不同且难以磨灭的印象。

从服装款式的创新到销售方式的创新，柳井正真正颠覆了行业常识认知，让竞争对手只有目瞪口呆的分。

UT风掀起世界潮流

走在创新之路上的优衣库，总是会被后来的尊崇者冠以"积极""勇敢"和"大胆"的赞美词，而优衣库也没有辜负这些美名。当优衣库发展日益壮大时，每季推出的产品也在增加，仅一季的T恤产品就有五百种。T恤是所有衣服里最简单的产品，很有潜力成为理想的商业模式。但这也可能成为劣势，就是随时随地都能购买的确让人安心，但是也等于欠缺了时尚、个性这两个重要标签。另外，一旦T恤的种类、款式增加，顾客摊开T恤确认图案后卖场就会变得凌乱。能否解决这一问题成了全新的商业系统是否能正常发挥作用的关键。

为此，设计总监佐藤可士和提出要让优衣库拓展出一种全新的商业系统。比起产品制作，系统研发更重要。"正如Google和YouTube，优衣库必须是提供划时代系统的品牌。一旦完成基础架构，接着只要添加内容，就能成为世界性的商业品牌，亦能积极推动各种合作计划。"这是佐藤在设计之初与柳井正沟通的理念。同时，佐藤可士和还提出："陈列方式也要改变，单纯的并排方式没有震撼力，店铺陈列都应纳入设计概念，以传达更强烈的信息。"

在这样的理念下，一种全新的T恤——UT产生了，UT即UNIQLO T-SHIRT，"优衣库印花T恤"的简称，它是优衣库品牌中的全新独立形象，是以印花T恤为平台，广泛寻求世界各地不同文化的合作而创作出来的，致力于构建全球文化艺术作品沟通的桥梁，让优衣库的消费者可以足不出户就可以畅游全球文化创意。

更让人意想不到的是UT的陈列方式。佐藤把同一尺寸、同一款式、同一色彩的T恤放到一个罐子里，在罐子外面贴着一张模特的照片，模特穿的是和罐子里面一模一样的T恤，然后将500种T恤排满整墙出售。

旁边还有专门用来试穿的样品，只要顾客试穿后觉得合适，就可以自己去罐子里拿出一件来放进购物车中。这样新颖的购物体验真正做到了让消费者如同在超市市场购物一样方便，更有消费者认为这种买衣服的方式就像从自动贩卖机里买可乐一样。

罐装T恤便于排列摆放、节省店面空间，而且圆筒封装可以阻止顾客拆散衣物，店员不必跟在后面随时整理店铺。佐藤的这个创举既完全符合优衣库倡导的自由购物的理念，又充分尊重了顾客购物时的习惯，还兼顾了提高店员工作效率的问题，一举三得。

为了让顾客们更方便找到自己喜欢的图案和款式，优衣库的每层楼均设置了"UT搜寻"的检索机台。这个特地为UT开发的系统，让顾客能从色彩、图形、主题、关键词等各个角度搜寻自己喜爱的T恤，也能搜寻出该商品的陈列地点。

2007年，夏季UT博物馆在优衣库各大专卖店正式登场了，在这个巨大的博物馆里，顾客看到一件又一件各具特色又极富艺术性的UT在优衣库专卖店被一一展现在顾客眼前，置身其中的顾客与时尚潮流、多元文化亲密接触，可谓琳琅满目但又不失水准的一道视觉大餐。

随着优衣库版图的扩大，如今优衣库UT已经不仅仅是多元文化艺术内容的入口，还成为时尚和潮流的象征，几乎每一季的联名款UT都会成为优衣库的畅销单品。近年来，优衣库与纽约著名当代艺术家KAWS合作的KAWS TU系列、优衣库×村上春树/村上RADIO系列、卢浮宫博物馆×UT联名系列等，均受到年轻消费群体的热赞。

2019年5月份，优衣库联名日本IP《名侦探柯南》，在中国市场推出了多款周边T恤，引发抢购热潮。到6月份，与美国潮流艺术家KAWS联名系列推出后，相关产品一经上架又被抢购一空。

面对中国市场，除了不断强化UT的文创桥梁精神外，更是加大了与中国多元艺术文化的融合。2021年11月6日，在优衣库北京三里屯全球旗舰店的揭幕之际，在门店三大首发上市系列中，与中国艺术家老树合作的"新人文"UT系列正式亮相。

中国艺术家老树有"当代丰子恺"之称，此次双方合作推出的作品以真善美为主题，分别呈现"真之情""善之爱"与"美之物"。艺术家将水墨田园画配以古韵浓厚的诗歌，诠释优衣库"LifeWear服适人生"的品牌理念。

这是优衣库首次与中国艺术家的合作，中国风UT系列一经推出，市场反响强烈。这个不断的创新尝试对于优衣库来讲，是非常强烈的变革，从UT与国际大热IP合作，到将重点转移中国，显然，这对未来优衣库在中国市场的本土化进阶与发挥，拓展出了一个极大的想象空间。

当然，并非所有联名UT的推出都能迎来好评。比如曾经推出的《海贼王》联名UT就被消费者以"简单"作为吐槽重点，认为只是剧照的直接照搬，态度敷衍而毫无设计理念。当越来越多的类似质疑声音开始增多时，2022年4月底，优衣库聘请河村康辅作为新的UT创意总监。

柳井正很清楚，像优衣库这样以性价比和"文化"来吸引消费者发展的服装零售品牌，一旦遭遇负面或口碑危机，被消费者"抛弃"可能就是一个晚上的事情。

这位新总监在日本以拼贴艺术而获得极高人气，早在2019年就以联名设计师身份与优衣库和《龙珠Z》做过联名系列，并且获得高度评价。

不管是服装款式的创新，还是销售方式的创新，甚至是管理方面一个小细节的创新，从把家族传统的专营男式西装的小郡商事变成优衣库服装自由选购大卖场的那一天开始，柳井正就从来没有放弃过创新。创新对于优衣库来说只是一种日常的经营方式，只有创新，才能够每天都给消费者展现出一个全新的优衣库，才能够满足消费者日渐不同的需求，让优衣库永远不会成为时尚的落伍者。

Chapter 8
以世界为舞台

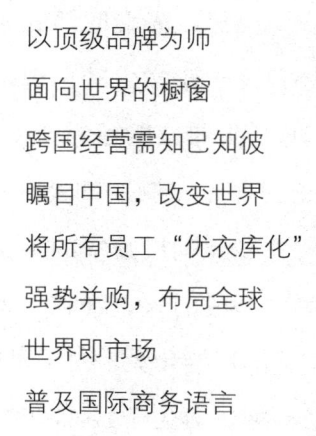

以顶级品牌为师

面向世界的橱窗

跨国经营需知己知彼

瞩目中国，改变世界

将所有员工"优衣库化"

强势并购，布局全球

世界即市场

普及国际商务语言

以顶级品牌为师

在日本国内，优衣库已经毫无疑问地成为服装界的老大，但是在国际市场上，优衣库还只是一个学生的角色。在享有国际化带来的各种利益的时候，也要承担因此带来的竞争和风险。国际舞台的竞争与日本国内的竞争有着明显的不同，最直观的表现就是竞争对手的竞争力。

当优衣库的招牌树立在英国最繁华的牛津街、法国斯克里布街和纽约百老汇对面的时尚中心的时候，优衣库也开始了和世界顶级品牌相邻的日子，其中最主要的目标和竞争对手是H&M和ZARA。

H&M是瑞典的老品牌，诞生于1947年，其全球知名度却远远高于优衣库。美国前总统奥巴马的妻子最喜欢的品牌就是H&M，足以可见H&M在国际服装界的地位。

如今的H&M在世界各地拥有1500多家专卖店销售服装、配饰与化妆品，雇员总数超过5万人。以销售量为衡量标准，H&M是欧洲最大的服饰零售商。这得益于公司兼顾流行、品质及价格的"三叉戟"哲学，以及积极扩张的政策。

在价格上，为了降低生产成本，H&M根本就不设立自己的工厂。这看似和优衣库提出的SPA模式相背离，但H&M却把自己所有的制造工作外包给了900家工厂。因为要极力控制好生产成本，因此H&M选择的这些工厂全都在劳动力成本最低的国家。由于成本控制得当，虽然产品的售价并不高，但H&M的毛利仍可以维系在53%的高水平。H&M同时做到了每一件衣服的品质都有着绝对的保证。

H&M公司每天都以国家及店面为单位，分别分析每款衣服的销售成绩，清楚地掌握哪些产品热卖之后便会需要立刻增加生产，从而让货品供应更顺畅。在一站式的购物环境中，H&M里找不到上个季度的库存货品。H&M对流行的掌握度，成为其吸引消费者最大的噱头。

在价格、品质、流行"三叉戟"的推动下，H&M还请来了明星代言助阵，其在全球的恢宏气势一时无两。优衣库想要进军欧洲市场，H&M是最大的敌人，同时也是学习的榜样。想要打败H&M，优衣库必须找到自身与其不同的诉求点，才能在竞争激烈的服装业寻得前进的空隙。

同样，世界顶级品牌ZARA也是源于欧洲的老品牌，其诞生于西班牙，在全球七十多个国家中拥有超过千家零售店。和H&M不同的是，ZARA店铺中的商品90%都是自营，即便店铺远在中国，其新开设的店铺也全都采取直营的方式。ZARA从来不把生产的任务转交到别的国家手中，ZARA所有的服装都是在西班牙生产，进而运送到世界各地。更让人感觉不可思议的事情是，ZARA几乎从来不做广告，却依旧牢牢霸占着服装业世界前三的位置。

ZARA的独特经营方式正是它的成功之道。ZARA的供应链系统中有着更多令人吃惊的数据。ZARA的服装从设计到上市销售，最短的时间仅仅需要一周。同样的过程，在中国大致需要6~9个月，即便是其他世界知名品牌也需要4个月的时间。这就决定了ZARA对流行的把控度和自身经营的灵活性。ZARA在一年中平均会推出12000种新款服装，每一款服装的生产量都不会太大，这既保证了不会产生库存的旧货，又能够给顾客最大的选择自由度。

所以，面对ZARA的强大实力，很多知名服装产业的老总纷纷表示：ZARA的厉害之处是学不来的，即便想模仿，也永远模仿不出ZARA的皮毛。

由于ZARA的服装是限量生产，其分配到各个店铺中的数量也就只剩下一两件，卖完了也从来不补充货源。通过这种"制造短缺"的方式，ZARA笼络住了一大批忠实粉丝的心。

ZARA成功的原因可以概括为：顾客导向，垂直一体化，高效的组织管理，强调生产的速度和灵活性，不做广告不打折的独特营销和价格策略等。

可以说，ZARA的经营模式完全是欧洲传统的"贵族模式"，而H&M却充分运用了资本全球化的优势。想要赶超这两大巨头并不是容易的事情，日本知名财经杂志《钻石周刊》提出："优衣库在营业利润的增长上比不上ZARA和H&M的原因在于：一是优衣库进军海外市场的时候花费的成本太高，二是优衣库在经济规模上绝对处于劣势。"

对此，柳井正在接受采访的时候鲜明地提出了优衣库的竞争优势所在，他说："与ZARA和H&M相比，优衣库的特长完全不同。如果优衣库跟随着他们的脚步前进，永远都不会占上风。"言语之间，其对国际化和未来的构想早已成竹于胸。

任何事情都有其两面性，与世界顶级品牌为邻，是挑战也是机遇。优衣库与ZARA和H&M并肩同行，纵然暂时缺乏足够的实战经验，却有着无限的可能性。正如孔子曰："三人行，必有我师焉。"无论是在经营模式上，还是在对时尚程度的把控上，强大的竞争对手ZARA和H&M都能给优衣库带来足够多的启示。

面向世界的橱窗

很多经营者在无法完成经营目标时，总会为自己找出各种理由来掩饰自己在思维与行动上的懒惰，如果经营者总是不停地给自己找借口，或者因为不能突破当前经营瓶颈而就此罢手，那就永远不可能开创一个新的经营时代。怀着一种"教训中找经验，不成功决不罢休"的欲望，不断拟定新的计划，清楚地意识到为实现目前所要做的工作，就会梦想成真。

2004年11月，优衣库在没有做好充分准备的情况下，在美国新泽西州先后开了三家店铺，卖场面积分别约为700平方米、500平方米、735平方米左右。那时的美国消费者对优衣库这一品牌是完全陌生的，开店以后顾客十分稀少，导致大量库存积压。

最后库存巨大到需要一个额外的店铺来装载，大家找来找去，在纽约的SOHO区找到了一间240平方米的店面，店面没有任何装修，和当初建筑时一个样子。就在因三个店铺滞销而为库存寻找店铺时，柳井正忽然有了一个强烈的意识：能否在人员聚集的地区，在对西装抱有极高感知度的人群聚集地进行销售活动呢？反正都要进行买卖，那么找到类似于SOHO这样的地区进行应该效果比较好。

SOHO是英语单词"South of Houston Street"的缩写，原本是指处于纽约下城休斯敦街以南的曼哈顿岛西南端，是纽约的老工业区。纽约市城市规划局规划的59个区中，SOHO并不是一个独立的社区，而和西村、格林·威治村及小意大利合在一起成为曼哈顿岛的第二区，全区人口9.3万余人，占整个纽约人口的1%，有住房5.6万单元，住户5.2万户，一半以上为单身住户，住户中近一半为25至44岁之间的年轻人。该区的白人、亚裔人口数、受教育程度、人均收入均高于纽约整体水平，20世纪70年代被市政府列为历史文化保护区，现在是闻名于世的文化创意产业集聚地，"SOHO"已成为世界通用的当代艺术的代名词。

SOHO区商业发展源于艺术、受益于艺术，以画廊业为代表的艺术繁荣为这里的商业发展刻上了深刻的艺术烙印，也为这里的经济发展打下了深厚的文化基础。在商业化的今天更创造着时尚艺术，使商业与艺术水乳交融。

发展至今，SOHO已成为一个商业区，有近600家各具特色的百货服装、饰品店。以SOHO中心区的百老汇大道为例，特色店有50余家，经营范围包括珠宝、服饰、化妆品、家居用品、文具及百货等；各式餐馆逾100家，囊括了世界各地的风味美食和高级主题餐厅。世界最知名的品牌早已登陆这块黄金商业区。PRADA甚至请到芬兰著名建筑设计师库哈斯设计，用2400万美元在SOHO区的中心位置建造了具有坐标性意义的旗舰店，以展示自己独特的形象。

原本只是为优衣库在SOHO区租一间仓库，但SOHO区的发展却让柳井正看到了一线商机。结合之前几家店铺失利的教训，柳井正决心以最全新、震撼却又简约的方式，为纽约的消费者打开全新的优衣库购物之门。

纽约是人潮拥挤的大都市，柳井正仔细分析了之前的得失后总结出，想要挑战美国的服装市场，就需要让优衣库对流行品位具有高度敏感度。并且，作为全世界第一家旗舰店，优衣库以什么样的姿态出现在大众面前是一个至关重要的问题。

首先在店铺选址上，柳井正就下了一番功夫，最终选择开在SOHO区。其次，在店面的设计上，柳井正期望能够让这家店完美地实现自己对国际市场的野心和欲望。负责室内装潢的片山提议，认为在如此大的卖场中只有再继续强调空间的宽敞和天花板的高度，才能在消费者的错觉中营造出优衣库非同一般的气势。为此他提交了一份非常优秀的设计稿，可是最终因为考虑到如此执行下去虽然可以让优衣库看起来更加具有规模，但会和卖场一般的百货商场别无二致，以至于该提案最终被毙掉。柳井正坚持的理念是：优衣库的设计一定要把商品放在优先考虑的位置，同时又不能放弃"极简主义"的风潮，如此才算是真正名副其实的优衣库。

因此，柳井正下达了一个命令，在店铺装修上越简单越好。但简单不等同于没有设计，能够把简单做到极致也是一种美学。柳井正希望当美国的消费者走进店中时，他们看到的不是繁杂的装饰，而是真正打动消费者内心的商品。因此，在后来的设计中，优衣库加重了橱窗和展示柜的比重，甚至还把商品的名称和价目牌也直接放进了展示柜中。

另一个设计的重点在于，优衣库需要做到让消费者在店铺中能够体会到愉悦的购物氛围。而首要的一点便是吸引消费者的注意力，要通过合理的设计不断给消费者以意想不到的惊喜。最后优衣库在店铺的入口处设置了发光的展示橱窗，里面有可以旋转的假人模特用来展示优衣库的服装。与众不同的地方在于，这些橱窗的目的不仅仅在于展示模特身上的新款服装，走在大街上的人可以透过橱窗对优衣库店内的所有展示一览无遗。这种开放性的设计很好地体现了优衣库的自信感。

所有一切准备活动都已经就绪，然而真正把这些设想变成现实却不是说到就能做到的事情。SOHO地区保留着许多百年前的历史建筑，优衣库新店的选址不能破坏这些历史遗迹，因此在兴建之前必须得到当地地标保存委员会的批准，有时还需要召开多次民众听证会才能得出最终的结果。在工程进度上，优衣库同样面临着许多之前不曾想到的难题。负责店内装潢的片山回忆说，有时候单单向现场的施工者讲述他们要造就怎样的一个优衣库店铺就至少需要花上两三个小时的时间。

2006年11月10日，优衣库在纽约SOHO区开张了，作为当时在全球范围内规模最大的一家店铺，其卖场面积达到了1000坪（约为3300平方米）。在开幕当天，柳井正信心十足地对前来购物的消费者和采访的媒体说："现在优衣库所能实现最高水平的商品、店内陈设和服务，全部都集结在这家代表优衣库全球化的旗舰店。"这句话表明，柳井正把纽约的这家旗舰店当成了优衣库进军全球的一个重要里程碑。

纽约旗舰店尝试了不同的空间概念，由此传达出的简单、朴素的经营理念对美国人来说确实耳目一新。柳井正和整个设计团队的心血价值几何已经不再重要，最重要的是，纽约旗舰店就像一个面向世界的橱窗，展示了优衣库所独有的"超合理主义"，从此开创了优衣库进军国际市场的全新时代，在受到美国人大肆追捧的同时，也把优衣库的名声口碑传播了出去，真可谓是"功夫不负有心人"。

跨国经营需知己知彼

当企业发展到一定的程度,走国际化的道路就成了必然的趋势,因为毕竟国内的市场是有限的,只有进军国际市场才能让企业拥有更大的发展空间。但是,国际是个大舞台,每个国家、每个民族的风俗习惯不同,这就意味着,任何一家企业想要打入其他的国家,不但要知己,全面深刻地清楚自己产品的特性,同时也要知彼,也就是要充分了解其他国家的风俗习惯,这是让其他国家接受自己产品的首要条件。

优衣库在进军伦敦时曾经遭遇的失败阴影一直在柳井正心中挥之不去,似乎只有征服了英国才能证明优衣库在欧洲的地位。于是,2009年10月1日,优衣库再次来到了欧洲,只是这一次,柳井正选择了巴黎,而且开的是旗舰店。

为了这一次不再重蹈伦敦店的覆辙,在巴黎旗舰店开张之前,柳井正几乎调动了优衣库公司内所有人的力量来进行筹备工作。首先是在广告宣传方面,让终日沉浸在时尚之都的巴黎人对优衣库留下一个美好的第一印象。

在巴黎每一个地铁站附近都有整整一面墙的大型广告区,上下加起来大致可以张贴15张大型宣传海报。能够把广告张贴到这里的企业都有着深厚的家族背景。优衣库这一次选择了大出血的方式，柳井正把15个牌位全部包揽了下来，甚至歌剧院和其他车站附近的显眼处都被优衣库的广告彻底围堵起来，这使得所有巴黎人不论是上班出行还是休闲娱乐，走到每一处都能够看到佐藤可士和其设计的以红白两色为主的简洁设计。

结果可想而知，没过多久巴黎人就知道了一个服装品牌名叫优衣库。巴黎本身就是一个引领各种新潮流的地方，各种各样的服饰广告更是屡见不鲜，优衣库正是利用了巴黎人爱好时尚、关注时尚的性格特点，让广告先入为主，引起巴黎人极大的兴趣和好奇，为优衣库巴黎旗舰店的开张添上了浓墨重彩的一笔。

同时，柳井正还注意到一个不寻常的细节。巴黎人爱吃面包，在街头巷尾买面包吃是巴黎人每天必须要做的事情。为此，柳井正提出把优衣库的广告引导到面包的包装纸上，让买面包的人拿着优衣库的广告到处走，这就等于把优衣库的广告真正地面向了每一个消费个体。于是，一夜之间，全巴黎的人都变成了优衣库免费的移动广告牌。尽管这种方式并不是优衣库的创举，但如此大规模地宣传优衣库的方式还是取得了立竿见影的效果。

另外，柳井正在巴黎还用了一个略显保守的方式，选择与巴黎久负盛名的精品店Colettle进行合作，设计出以日本动漫为主题元素的系列服装。因为是限期销售，并且Colettle是巴黎地区精品店的第一品牌，再加上每个月都会举行的特卖会，一系列的因素累积下来，使得优衣库巴黎旗舰店尚未开张就已名声在外。

当人们随处可见优衣库的新LOGO时，此时离优衣库巴黎旗舰店的开业不到两个月的时间。优衣库给人们创造了一种潜意识，所有巴黎人都不自觉地意识到"优衣库这个日本品牌马上就要来巴黎了"。

与纽约相同的一点是，这家新开张的旗舰店并不是该地区的一号店；但不同的是，巴黎一号店并不是因为亏损经营而让柳井正采取了改变策略。早在2007年12月，优衣库就在距离巴黎市中心只有10分钟车程的新凯旋门购物中心开设了优衣库在巴黎的一号店。当时的卖场面积在60坪左右，这家店也是优衣库在英国、中国、韩国和美国之后开设的第五家海外店铺。

柳井正明白，单纯依靠如此小规模的店铺经营在时尚之都巴黎是不可能打响优衣库品牌的，这家店设立的目的在于搜集巴黎消费者的信息，以及负责宣传优衣库的经营理念。在各种名牌商品云集的巴黎，茫然冒进只会让自己吃到更多的苦头。鉴于巴黎市民对流行性敏感度颇高的特点，优衣库借助于一号店在巴黎传达自身品牌概念的历程整整走了五年。

五年的时间，已然足够优衣库为自己在巴黎积累下足够的人气。在这段时间中，柳井正多次对一号店搜集到的消费者信息进行研究，最终在长时间的市场调查之后，优衣库等来了最成熟的时机。因此，巴黎旗舰店还没有开张，优衣库的宣传攻势就已经展开。

让人感到意外的是，优衣库旗舰店开业后，柳井正却把巴黎街头所有广告牌上的优衣库广告撤销了。人们都在纳闷为什么优衣库不趁热打铁继续做广告，以便加深优衣库品牌在巴黎市民心中的印象。柳井正解释道，先期的广告已经让所有的巴黎人知道了优衣库的品牌，店铺的开张也已经完成了推广优衣库服装价格和质量的目标，因此即便没有街头广告牌的大力宣扬，优衣库也依旧能够凭借自身的实力来打动时尚之都的消费者。

言语背后，是柳井正对优衣库品牌及其服装品质的极大信任。同时也说明了柳井正希望优衣库给巴黎市民留下的印象应该是服装本身的优质，而不是靠着漫天广告在消费者的心中种下肤浅的形象。毕竟，在巴黎，任何宣传都只是浮光掠影，只有质量和款式才是带动流行的永恒王道。

瞩目中国，改变世界

"未来10年内，我们要在中国开设1000家分店，业绩目标将设定在1兆日元。"这是柳井正于2010年5月13日在上海召开新闻发布会的时候提出的未来畅想。很多媒体都以为，这只是一个卖衣人的美好畅想而已，这样的梦想究竟能做到什么地步，只有柳井正自己最清楚。

选择中国作为优衣库的舞伴，这包含了柳井正极为智慧的商业思考。他知道，在全球化的必然趋势下，抓住中国市场尤为重要。只有拿下中国市场，才能保证优衣库在未来全球化的商业竞争中有成功的机会。

中国和世界其他国家的国情不同，纽约、巴黎等地是已经相当发达的时尚潮流集散地，而以上海为代表的中国内地正在迅速崛起，能够在多变的市场环境中站稳脚跟并且让消费者在未来10年的时间中保持对优衣库服装的忠诚度，要想达到这一目标，就需要付出几倍于平常的努力。

当时，包括港台地区在内，优衣库在中国一共有64家店，要实现1000家店的梦想，需要优衣库在未来的10年中以每年100家新店的速度进行扩张。有人说，柳井正有如此豪言，只是在为将要开张的上海旗舰店制造新闻而已。2010年5月15日，优衣库位于上海南京路的旗舰店正式开业，这座超大购物广场成为优衣库在全球范围内最大的店铺，同时也是优衣库继纽约、伦敦和巴黎之后的全球第四家旗舰店。柳井正的意图很明显，他不仅是想要优衣库在上海落户，更是要借助上海旗舰店的跳板让优衣库这个品牌成功进入中国最广大消费者的视线。

上海旗舰店开业当天，超过2000名消费者在门口排队等待开门营业。上午10点正式营业后，来晚的消费者需要等上足足两个小时才有进店的机会。因为人数众多，优衣库不得不采取限流的方式以维持店铺的正常运转。

相比进军巴黎时长达五年的蛰伏，优衣库进军中国更是历经了八年的沉淀。早在2002年优衣库就在北京和上海等地开设了店铺，但业绩却远远低于预期水平。第一次进军中国市场虽然以失败收场，不过柳井正并不气馁。他调整了自己的策略，转而从香港地区入手。相比内地，香港地区在物质消费方面有着长足的优势。柳井正把香港分公司的事务交给了中国地区总经理潘宁全权打理。身为华人的潘宁尽管更了解华人的消费习惯，但也无法改变优衣库在香港的失败。虽然香港地区的生活水平高，但想要在一个人口只有700万，同时服装市场早已经饱和的地方再分一杯羹，几乎是不可能的事情。

令人意外的是，事情渐渐出现了转机，当香港地区优衣库店铺内和日本同款的衣服相比竟然有着更高的价位时，这样一个反其道而行之的方式却意外地为优衣库赢得了巨大的成功。面对销售盛况，潘宁说："受欢迎的程度甚至卖到商品缺货，还得从日本用空运送来不可。"

有了在香港地区的成功经验，再加上内地近些年来商业环境和生活水平的巨速发展，优衣库又陆续在北京、广州、深圳等地设立新店铺。并且，在2009年4月，优衣库成功入驻了淘宝网。

柳井正对设在南京路的优衣库上海旗舰店倾注了更多的心血。在开店之前，总经理潘宁曾经对中国市场作出一番分析。他说，目前在国内，中产阶层的比重正在逐年上升，这群人要求的是生活质量，他们需要更好的商品和更好的服务。基于这个机遇，上海旗舰店的开张可以说是恰逢其时。

柳井正为这一天足足等了八年，八年的时间他做好了各种准备。在上海旗舰店，每一个楼层都有其特定出售的服装。为了达到宣传的目的，上海旗舰店整整使用了320具假人模特，这一数量比其他四家海外旗舰店所使用的数目总和还要多，由此也便于更好地展示优衣库

"百搭"的服装概念。

基于上次的教训，这一次优衣库在新的服装款式上市的时候，采用了和日本完全一样的定价策略，并且还保证了和日本同步上市。虽然这样做让优衣库的服装和中国的自我品牌相比完全失去了价格优势，却在无形中代表了优衣库的服装品牌有着更好的质量保证。

这一次，柳井正无疑是成功的。在优衣库对上海市的消费者进行的优衣库印象调查中，超过八成的消费者表示会再一次到优衣库购物，这个数字在所有外来品牌中牢牢占据着第一名的位置。

上海旗舰店的成功让柳井正意识到自己在海外开店前所提出的各种理论的正确性，现在的优衣库已经具备了多年的海外作战经验，因此他下一步的计划就是要把这些成功的经验复制到世界各地，让优衣库真正成长为世界第一大服装品牌。

再伟大的梦想也要从一点一滴做起。只有解决好了现实问题，才能有理想的销售成绩诞生。这是优衣库在以往的失败中总结出来的教训，也是其在中国逐步走向成功的经验之谈。柳井正一直以来都坚持认为，自己的这一伟大设想终有变成现实的一天。

2021年11月6日，优衣库北京三里屯全球旗舰店揭幕，也是优衣库中国首家"复合式明日生活馆"。数据统计，2021年优衣库在中国新增门店96家，完成了每年新增80~100家的任务。在力争成为中国中产消费服装品牌对象的同时，也在战略上布局，要将门店下沉到中国的三四线城市。

尽管到目前为止，在三线、四线城市的门店数量只有20家，而三线以下城市的消费者还不可能关注到服装的面料、舒适感等细微体验，但优衣库显然有足够的耐心等待市场成熟，希望通过自己独特的品牌引领能力，逐步打开更为深广的中国市场。

自2020年疫情发生以来，优衣库也积极践行企业社会责任，坚持以服装的力量同心抗疫。2020年疫情发生早期，优衣库向湖北以及上海等地驰援武汉防疫一线的80多家机构人员捐赠超过10万件总价值1045万元高功能保暖衣物。2021年1月，优衣库向武汉及上海两地共捐赠5万件价值约715万元的高功能保暖内衣。2022年4月，优衣库再捐总价值近40万元的具有吸汗透气功能的衣物，助力上海坚守一线人员。

优衣库以实际行动，在深耕中国市场30年的发展背景下，陪伴全国近200城市数亿消费者，助力美好生活的兑现，真正做到瞩目中国，改变世界的言行当中。

将所有员工"优衣库化"

在服装零售业，优衣库是日本第一家想要打造出一个商业王国的企业。在接受采访的时候，柳井正满怀信心地说："优衣库在2020年的时候一定能够成长为一家在国际舞台上代表着日本的零售商。"

言下之意是，而在世界舞台上，想要和世界知名品牌相角逐，就需要用世界标准来规范优衣库。同时，也必须用世界上最好的方法来经营优衣库。简单地说，想要让优衣库国际化，就需要先国际化优衣库。

当被追问到为什么现如今的日本企业很难走出国门时，柳井正一语道破了天机，他说："日本现存的大多数企业都只是在用日本传统的模式进行管理，但是想要在国际赛场上同其他的企业一较高下，就必须先让自己熟悉国际赛场的规则。单纯地把在日本的成功模式照搬到国际市场上，只会产生水土不服的效果。"

在国际舞台上，发达国家和发展中国家其实都在运用同一种国际规则互通有无，日本企业想要走向国际，也必须迅速适应这一规则。

因此，在海外开店的过程中，优衣库适当效法了自己既往的成功经验，即保持优衣库店铺的全球一致化。在保留了优衣库在日本成功的本质不变的前提下，适当针对不同的地区环境做出适当的调整。各个分店既需要秉承源于大和民族的经营理念，又需要吸取该地区的经营文化，从而增加自身的竞争力。

回看许多前辈们或成功或失败的历程，大凡最终无功而返的企业，皆是因为或过分坚守自己的品牌文化，或过分被当地的文化融合而失去了自身的特点，这对优衣库来说是难以忘记的警钟。以优衣库巴黎旗舰店的经营为例，柳井正要求的是要在这里实现无国界无差别化。不管店员是什么国籍什么肤色，在这里，他们统一被称为"优衣库人"，他们需要做到的是为消费者提供具有和日本店铺一样的服务品质。顾客才是上帝，在无差别化的经营理念中，此为第一条准则。

为了实现"优衣库化"，巴黎旗舰店在招募员工的时候可谓煞费苦心。优衣库开出的招募条件很奇怪，不论年龄、性别、肤色、国籍、学历，只要其工作态度符合优衣库的经营理念，就能够成功通过第一轮的考试。而面试则是非常特别的一关，主考官要确认的目标很明确，就是这个人能不能够在接待消费者的时候呈现出具有优衣库化倾向的"主动观察并认知消费者的需求"。

通过面试后，新招聘来的员工还需要经历优衣库设定的严格且精准的训练课程。新员工统一都由老员工负责训练，这种"老人带新人"的方式一方面可以让新人快速学会基本的技能技巧；另一方面还能够提高员工对企业的忠诚度和责任感，并且还会形成类似于社团一般的具有上下联结关系的内部纽带。

最后，通过一系列训练最终留下来的员工，必定已经彻底懂得了"顾客优先主义"的概念。员工"优衣库化"，目的是让不同籍贯的员工不会因为自身的原因而受到差别对待。优衣库奉行的是能力主义的升迁制度，所以在优衣库，任何人想要获得升迁，不仅需要掌握好管理的知识和技能，还必须能够如同每一个最普通的员工一样能把散乱的衣服叠好、熟悉收银台的操作、可以利用缝纫机修改衣服等。换句话说，在优衣库，只有能力高低的差别，而没有职位高低的差别。能者多劳，也必然会多得，这是最公平的竞争方式。

值得提倡的是，优衣库中并不存在优秀人才把自己的技能保密起来的现象。每一家分店的店长必定是这家店中技术最全面的员工，但他同时也承担着把自己的技能传承给其他员工的责任。只有整体的强大才是真正壮大发展的前兆，这也正是优衣库的远见所在。

在指导下属的时候，柳井正要求的不是主管人员拟出只有空话的规章制度，而是希望每一个领导都能够亲自动手示范，真正做给下属看。领导要求员工要在一分钟之内把若干件衣服叠好，那么首先他自己就先要有能力达到这个标准，并且在全体员工面前演示过，以证明这条规章不是凭空臆想出来的，之后这条规章才能够对员工起到约束力和鼓动性。因为领导的示范作用，再懒散的员工也会在不知不觉中变成一个合格的"优衣库人"。

柳井正说，在面对全球化的竞争时，优衣库永远不能放弃的是自己的"日本理念"，这也是优衣库能够在日本成功并且陆续在世界各地扎根的根本。在迅销公司的经营理念中，柳井正很鲜明地提到：迅销公司的目标就是要建立起一个跨越休闲服饰框架，从而尽最大的努力和可能性来丰富消费者的日常生活，通过企划和生产真正符合消费者喜好并且质优价廉的服装，通过自身的成长而真正变成消费者心中优秀服装代表的品牌。

在每年元旦的电子邮件中，柳井正或多或少都会提及全球化的企业思维和人事战略。为了让优衣库更快地在国际舞台上站稳脚跟，柳井正还提出了让员工到海外进行工作的设想。其实，柳井正心中还有一个内在的情结。在向海外输送人才的同时，他有意从优衣库的员工中挑出数位精英送到国外去学习先进的管理经验，以便能够为接管自己的职位提前做好准备。

优衣库要实现的不只是员工和经营理念的全球优衣库化，更是对消费者消费需求和消费喜好的优衣库化，同时也是为消费者提供优质消费体验的全球优衣库化。只有保持住优衣库的品牌概念，才能使其成为全球服装业的一段神话。

强势并购，布局全球

柳井正在2005年重新回到优衣库的时候提出了"二次创业"的口号，这一次，他希望看到优衣库从日本国内真正走向全世界，向所有的消费者展现出一个具有世界规模的新优衣库。

被问到优衣库为什么要进军国际市场的时候，柳井正回答说："因为光靠国内市场已经无法在商业竞争中立足，所以优衣库有必要进行全球化。"柳井正一直以来都怀有一个梦想，他希望能够以优衣库为矛头带领着迅销公司实现整个企业的全球化。在把工作领域扩展到全世界范围的同时，柳井正想要看到的景象不是全球四处派遣日本员工去进行工作，而是世界各地的员工主动进入优衣库寻找个人发展的机遇。

在2005年之前，优衣库作为日本的国民品牌，当时的经营业绩只有3亿～4亿日元，这相当于整个日本市场营业额的3%～4%。面对日本服装市场的蛋糕，优衣库之所以没有继续再咬下去，和其自身经营业务的范围有很大关系。优衣库以经营休闲服装为主，为了改变因此而造成的停滞不前的困境，柳井正决定横向拓展优衣库的业务范围。

为此，迅销公司成立了以投资为手段而扩大业务范围的子公司，利用并购的方式来加大优衣库的市场占有率。柳井正设定的并购目标是，迅销公司通过这样的方式能够在欧美市场建立起长久的据点，并且以此来促使优衣库成功入驻纽约和巴黎等地，进而跃居世界知名服装品牌的行列。

第一次并购行为发生在2004年1月。当时，迅销公司和日本的Theory分公司合力把美国的Theory总公司购买了下来。Theory公司是创建于1997年的一家以中年女性为主要客户层的服装品牌，柳井正毫不掩饰自己对Theory公司的兴趣。他说，迅销公司买下的Theory公司，完全可以作为优衣库在纽约发展的据点。如果能够把Theory公司并购到迅销公司的体系之中，这对优衣库进军美国市场无疑有着巨大的影响力。

因为Theory公司早已经具备了一定的知名度，柳井正的如意算盘看起来天衣无缝。并且，当下的Theory公司还有了进军欧洲的打算，这就等于是在给优衣库的欧洲计划提前打通了道路。因此，并购Theory公司是迅销公司最成功的并购案例之一。

之后，迅销公司又买下了两家以巴黎为据点的知名服装品牌。包括Theory公司在内，柳井正认为自此优衣库在进军纽约和巴黎之前，因为已经并购下的现在隶属于迅销公司的子品牌在当地具有一定的知名度，必定会为优衣库的出现宣传造势——消费者会理所当然地认为，优衣库和这三家知名品牌具有一定的关联度，如此便可在无形中提升优衣库的品牌价值。

其实，迅销公司如此大规模地进行并购行为，背后还隐藏着柳井正一个不为人知的小秘密。迅销公司因为并购这些国际品牌，让外行人看起来多少有些"蛇吞象"的错觉，因而各种媒体会主动对迅销公司和优衣库大肆进行宣传报道，这正是增加柳井正个人和优衣库曝光率的最好时机。

以迅销公司试图并购美国的BARNEYS百货公司为例，BARNEYS是发源于曼哈顿的百货公司，其背后有着来自中东地区的石油公司作为强有力的后盾。尽管柳井正当时确实是想要把这件事情办成，并且他还开出了高达9亿美金的收购费用，但最后的结果却不是之前预想的结果。迅销公司即使并购了BARNEYS百货公司，也依旧无法获得对BARNEYS百货公司的自主经营权。面对BARNEYS百货公司势力范围涉及包括洛杉矶、芝加哥、波士顿等全美34个据点的现状，柳井正实在不忍心就这么轻易地放弃。但柳井正也始终坚持自主经营权，以此为优衣库的前进提供保障。因为这一愿望无法实现，最后不得不放弃了当初并购行为的设想。

当所有人都为这件事情的失败感到遗憾的时候，大家却惊讶地发现，在近两个月的时间里，因为迅销公司参与了全程的并购活动，当地的媒体对优衣库和柳井正的曝光率达到了前所未有的水平。虽然最后失败了，但优衣库的名声却在该地传播开来。优衣库在时尚零售业的知名度，也被提升到空前的高度。事后，柳井正说，当时美国人根本就不知道迅销公司，正是因为并购BARNEYS百货公司这件事情，才能让自己在美国一夜之间成为家喻户晓的人物。

面对并购的失败，日本媒体开始鼓吹优衣库并不具备成长为全球化品牌能力的言论。他们指出，柳井正一直引以为傲的优衣库服装品牌，尽管在质量和价格上具有无可比拟的优势，但缺乏打动海外市场的能力。一直到2010年5月份，柳井正在接受日本《钻石周刊》的访问时才正面回应这些流言。他说，自己近几年一直都在和世界不同品牌的经营者见面会谈，并且还主动研究过上百家不同企业的经营现状，迅销之所以暂时停止了并购的脚步，不是因为自身没有如此实力，而是还没有寻找到真正合适的并购目标。同时，柳井正还认为，并购行为并不是股权持有者之间通过尔虞我诈的行为实现资金的转移，真正考验经营者的是并购成功后两家不同企业之间的整合问题。如何把优衣库的理念，完美地融入并购而来的企业中，才是困难所在。

现在回想起来，柳井正甚至为当初没有成功并购BARNEYS百货公司这件事情感到些许庆幸。2008年的金融海啸使得众多企业的品牌价值锐减，BARNEYS也不例外。而柳井正和优衣库，依旧能够在乱世中笑傲群雄。

不论既往的优衣库曾历经多少成功或者失败，柳井正始终保持着大浪淘沙之后的淡定和从容。并且BARNEYS收购失败并没有让公司损失什么，反而因为积极参与得到了媒体的广泛传播，让全世界关注迅销，关注到柳井正这个人，这才是并购行为最值得称道的。

世界即市场

纵观全球市场，就会发现消费全球化已经真正开始了。

也就是说，一个巨大的全球化市场正在形成，将从之前的8亿发展到40亿。在任何一个国家也许都不会出现如此幅度的增长，但是如果放眼世界，就会发现一个空间广阔且不断增长的市场。在消费市场急速膨胀之下，孕育的是无限的商机。

在《福布斯》杂志2009年排行榜上，柳井正以61亿美元的身价成为日本首富，这是日本历史上第一位靠服装登上榜首的企业家。支撑这一财富奇迹的是休闲服装连锁店优衣库在金融危机中的优异表现。在2008年9月到2009年8月的财政年度报表上，优衣库销售额和营业利润分别达6850亿日元和1086亿日元，较上一财年分别增长16.8%和24.2%，这一业绩与全球服装业的普遍惨淡形成鲜明对比。

这一成绩的取得与柳井正的高瞻远瞩有着不可分割的关系。随着科技、金融的全球化发展，世界变得愈加一体化、平面化。服饰产业同样如此，越来越紧迫的行业竞争将争斗的平台压缩到同一阵地。在日本，优衣库开店已接近饱和，而其未来10年的目标是实现年销售额超过5万亿日元,超过竞争对手GAP、H&M,以及拥有ZARA品牌的INDITEX公司的销售之和。要实现这一宏伟目标,海外市场尤其是亚洲市场的开拓势在必行,并且已经显现出极高的增长潜力。

因此,柳井正强调:"世界就是我们的市场。"因为若无法在世界市场通行无阻,那么优衣库在日本也无法存活下来。如果只甘于国内市场的龙头地位,总有一天会被全球化企业给打败。也就是说,企业如果无法在全球竞争中取得胜利,就很难生存。这也是优衣库积极推进全球化的唯一原因。

就如柳井正经常说的一句话,"只在日本做销售的公司,最终无法在日本销售",这不仅揭示了经济格局的变化,更显示了一个企业的危机精神,这也是优衣库在危机中不倒的秘诀之一。

柳井正说:"以日本的汽车销售为例,为什么日本的汽车可以在全世界热卖?那是因为质量好的缘故。我们的优衣库服饰也是如此。我们只要想赢过世界各国,就会制造最高质量的商品卖给全世界。我们一定要创造这种企业体制。"然而迅销在2008年8月的销售统计中,日本国内优衣库业绩就占了全部的80%,从整个集团体系的营业额看来,若不赶快往前推进全球化,一点也无法有效开展持续成长战略。

优衣库虽然面对很多发展难题,但是这一点他并不显得困惑。柳井正分析如下:"全球市场中消费者的需求正渐渐地趋向同质化。注意一下优衣库门市所在的东京、纽约、伦敦、巴黎、北京、上海等地,你会发现不管是在哪个城市,出现的品牌都大同小异。虽然比起日本人,外国人的胸膛显得较厚实,臀部也比较大,体型完全不一样，但我觉得大家对于休闲服饰的需求有90%都差不多。"

这个分析的确不假。实际上，H&M的配货会随地区及门市有所差异，但价格及商品基本上都是全球同步，而且经过日本消费者严格把关过的优衣库品质有口皆碑。另外，基本的设计款式也是世界共通，也能获得全球消费者的更高接受度。也就是说，优衣库是让全世界的消费者可以毫不迟疑、安心选购的品牌。

当然，看清当下问题，才能与未来发展战略快速接轨，优衣库所面临的实际问题仍然不可小视。不过，柳井正领队的优衣库团队依然充满自信，他说："今后，我想要着手的事在世界上可能有人已经在执行了。所谓学习，我觉得就是在脑子里思考的同时，如果认为是好的，就率直地模仿他人做相同的事。成功的要因除了本身所学到的，若看到世界上的好事或是优秀人才所做的事，我们应该敞开心房，考虑自己要不要跟着做。"

可见，在全球速销的同时，优衣库服装所提供的仅仅样式多样化的局限性将无法逃避，必须拿出真正有效的营销对策来处理尴尬，创造出更高的附加品牌价值，以此重新来吸引消费者。在柳井正看来，一个没有将世界市场作为目标的人不能称之为真正的生意人。无论在世界的哪一个角落，只要拿得出世界级的产品，就能够闯出属于自己的一番天地。

普及国际商务语言

每年的年尾，柳井正都会给全公司的人发一封邮件，这是他的习惯，他希望公司的每一个人都能够了解到公司在这一年的发展，以及在下一年度应该努力的目标。在2011年年尾，柳井正给全公司人员发送的邮件中确定了公司下一年度的发展方针是"不变则亡"。

这一年是优衣库的"转型期"。这个方针从字面上看，多少有些晦气的感觉，但是这却是优衣库不得不面对的问题。柳井正深知，优衣库能走到今天的位置完全因为一直秉持着"不断改革"的信条。只有变革，才能让公司在经济衰败和地震灾害的双重阻碍下继续向前发展下去。所以他在邮件中鼓励大家，要大胆舍弃现有的东西，制定出新的目标。其中一个目标，就是在2012年，公司内部将英语作为基本的交流用语。

作出这个决定，是柳井正在比较全球各家优衣库专卖店的销售额时，发现了一个有趣的现象，作为从日本发展起来的本土企业，在销量排行榜上，日本的优衣库却不是排在第一名，第一名是巴黎歌剧院店，第二名在纽约，第四名才是优衣库的银座店。在销售前十强中，海外店铺几乎占据了半壁江山。

这样的现实让柳井正认识到，海外市场还有很大的上升空间，因此加紧进军海外市场是推动公司发展的关键因素。而英语，作为通用的交流用语，就像是一张敲开世界各国大门的通行证。这让柳井正不禁想起自己年轻时学习英语的场景，那时候因为工作关系，柳井正不得不学习英语，但是却因为不够娴熟，在面对外国的客户时自己总是充当那个多听少说的角色。一方面是因为自己不知道如何开口表达自己的意思，另一方面他也希望多听能够提高自己的英语水平。

所以，很早以前柳井正就曾在迅销公司强调过学习英语的重要性，但那个时候真正学习英语的人只有很少一部分。随着海外开店的数量越来越多后，公司内部使用英语交流的频率也越来越高。为了让迅销公司早日跻身于国际化大公司，柳井正实施了"高压"政策，将英语作为公司内部的通用语。

例如在公司召开内部会议时，哪怕只有一个母语与大家不同的人参加，那么会议也要用英语进行。公司的内部文件也要英语、日语各准备一份。凡是在迅销集团工作的员工，必须具备随时随地都能够用英语交谈的能力……这一政策的下达，几乎就在告诉迅销集团的所有员工：不学习英语的人将被优衣库淘汰。于是，许多不满的声音此起彼伏起来。有人说柳井正看不起日语；还有人说柳井正这是在剥夺员工选择语言的自由。

针对这些反对声，柳井正只用了一个问题就让大家闭住了嘴。这个问题是："我们可以在国外的店铺使用日语吗？或者说，我们可以强迫外国人说日语吗？"答案显然是无法做到。优衣库将发展越来越多的海外店铺，也会有越来越多的日本员工被派往海外。当然也有当地语言可以选择，但是英语作为商务沟通的工具，是全世界人数使用最多的语言，所以学习英语是必然的选择，如果不学习英语，今后在优衣库将无立足之地。

为此，柳井正还特地用巴黎歌剧院店的店长真田秀信作为例子来说服大家。巴黎歌剧院店是优衣库在全球范围内销售额最高的店铺，这个成绩与店长真田秀信不无关系。真田秀信最早担任的是英国伦敦店的店长，而后被派往纽约，接着回国工作了一段时间，然后又开始掌管巴黎的门店。

真田秀信先后在英国、美国、法国等地工作，如果他只会说英语，又怎么能将业务迅速地展开来呢？像真田秀信这样的人才在整个迅销集团差不多有十几位，但是这还远远达不到柳井正的期望值，他希望在优衣库像这样的人才随处可见。

因此，柳井正还准备派更多国内的店长去国外工作，让他们去学习国外的语言和文化，让他们成长为独当一面的商人，而不是一个只会卖货的打工者。另外，柳井正决定招聘更多的外国人到优衣库，让迅销集团真正成为一个国际化的大公司。这样一来，学习英语就成了势在必行的事情。否则，今后员工之间的沟通，都会成为问题。

为了能够"监督"员工们的学习，柳井正采用了E-Learning的培训方式，在E-Learning的系统中，柳井正要求每个员工每天学习英语两个小时，如此坚持一年的时间。同时，在这个系统中，柳井正能够很清楚地看到每个员工的学习状态，谁的进步大，谁却一直停步不前，柳井正了如指掌。对于那些成绩始终没有起色的人，公司会让他自己承担这笔学习的费用。

在柳井正的带动下，大家终于积极地投入到英语的学习当中了。每当在公司的走廊里听到员工们用流利的英语进行工作交流，柳井正都有一种自豪感油然而生。英语作为一种沟通工具，是柳井正以一个日本人的身份迈向全世界的阶梯。